“十三五”普通高等教育规划教材

中级财务会计项目实验

刘庆志　国凤兰　主　编

崔　冰　王富兰　于　雷　李妍玮　副主编

中国铁道出版社
CHINA RAILWAY PUBLISHING HOUSE

内容简介

本教材结合精品课程建设、教改项目成果和经验,依据最新会计准则和税收法规,精选代表性交易或事项,以帮助读者理解和掌握最新的会计法规和税收法规。本教材按照会计要素的内容,分为资产篇,权益篇以及收入、费用、利润和报表篇,每篇配合《中级财务会计》设计单项实验。各实验相对独立,每篇自成体系,同时各篇实验资料又相互联系,构成除成本计算外的综合实验。本教材内容设计灵活、实用,既可以配合《中级财务会计》理论教学作章后实验教材,也可以作为会计、财政、财务管理等相关专业学生的实验教材。

本教材适合作为应用型本科院校会计学、财政学和财务管理等相关专业学生的实验教材,也对希望在短期内提升会计职业任职水平和职业技能的会计从业人员有参考价值。

图书在版编目(CIP)数据

中级财务会计项目实验/刘庆志,国凤兰主编.—
北京:中国铁道出版社,2017.9(2017.11重印)
"十三五"普通高等教育规划教材
ISBN 978-7-113-23250-4

Ⅰ.①中… Ⅱ.①刘… ②国… Ⅲ.①财务会计-高等学校-教材 Ⅳ.①F234.4

中国版本图书馆 CIP 数据核字(2017)第 210967 号

书　　名:"十三五"普通高等教育规划教材
中级财务会计项目实验
作　　者:刘庆志　国凤兰　主编

策　　划:张文静　　读者热线:(010) 63550836
责任编辑:张文静　贾淑媛
封面设计:刘　颖
责任校对:张玉华
责任印制:郭向伟

出版发行:中国铁道出版社(100054,北京市西城区右安门西街 8 号)
网　　址:http://www.tdpress.com/51eds/
印　　刷:虎彩印艺股份有限公司
版　　次:2017 年 9 月第 1 版　2017 年11月第 2 次印刷
开　　本:787 mm×1 092 mm　1/16　印张:21.5　字数:291 千
书　　号:ISBN 978-7-113-23250-4
定　　价:55.00 元

前言

会计学专业是一个应用性比较强的专业,会计实验教学是培养学生实践应用能力的重要手段。为此,编者在进行翔实的现场调研的基础上,结合精品课程建设、省教改项目成果和兄弟院校的成功经验,结合会计教学实际,以最新会计准则和税收相关法规为依据,以仿真企业济泰股份有限公司的交易或事项为蓝本,精心编写了本实验教材。

本教材的特色:

1. 体现最新的会计和税收法规

本教材依据最新会计准则和税收法规,精选代表性交易或事项,以帮助读者理解和掌握最新的会计法规和税收法规。

2. 仿真度高,系统性、操作性、应用性强

本教材高仿真济泰股份有限公司的交易或事项,实验资料翔实准确、规范具体,其内容具有很强的实践性、操作性和应用性。同时,教材中增加了ERP拓展实验,实现了会计手工与ERP的有机结合。

3. 篇、章、实验框架结构,其内容分工明确,又相互联系

本教材是《中级财务会计》的配套实验用书,按照会计要素的内容,分为资产篇,权益篇及收入、费用、利润和报表篇,每篇配合《中级财务会计》设计单项实验。各实验相对独立,每篇自成体系,同时各篇实验资料又相互联系,构成除成本计算外的综合实验。本教材内容设计灵活、实用,既可以配合《中级财务会计》理论教学作章后实验教材,也可以作为会计、财政、财务管理等相关专业学生的实验教材。

4. 多项研究成果的结晶

本教材是山东省省级精品课程"中级财务会计"和"基础会计"的配套教材,是2012年山东省省级重点教改项目"基于会计职业能力培养的财、会、审一体化

实验教学的改革与创新(项目编号:2012035)”、2015 年山东省省级重点教改项目“基于春季高考的会计学专业人才培养模式研究(项目编号:2015Z068)”、2012 年山东省“会计学特色专业”建设项目阶段性研究成果的结晶,得到 2016 年“山东科技大学优秀教学团队建设计划”资助。

本教材由山东科技大学组织编写,共三篇十一章,由山东省省级精品课程“基础会计”主讲教师、硕士生导师刘庆志副教授,省级精品课程“中级财务会计”主讲教师、硕士生导师国凤兰副教授任主编;省级精品课程“中级财务会计”主讲教师、注册税务师崔冰博士,省级精品课程“中级财务会计”主讲教师、山东省高端会计人才王富兰老师,以及于雷博士和李妍玮老师任副主编。具体分工如下:上篇第一章,第二章的实验一、实验六、实验七由刘庆志、于雷编写,上篇第二章的实验二、实验三、实验四、实验五由国凤兰、李妍玮编写,上篇第三章、中篇第七章和下篇由崔冰编写,中篇第四章、第五章、第六章由王富兰编写,吕春艳、江霞、林晓乐、张承前参加了本教材的编校工作。

本教材适合作为应用型本科院校会计学、财政学和财务管理等相关专业学生的实验教材,也对希望在短期内提升会计职业任职水平和职业技能的会计从业人员有参考价值。

本教材在编写过程中,吸收借鉴了国内外会计最新研究成果和同类已有论著、教材的精华,在此谨向这些论著和教材的作者致以真诚的感谢!

本教材在编写过程中得到济泰股份有限公司、山东科技大学领导和师生的大力支持,在此一并表示感谢。

本教材实验资料为高仿真资料,相关材料仅用于会计实验,不作他用。

经过一年多的努力,终于将此教材呈现给大家。但由于编者水平有限,教材中难免存在疏漏之处,诚请各位同仁和读者批评指正。

编　者

2017 年 8 月

实验安排建议

实验目的和任务

(1)通过实验,进一步理解和掌握"中级财务会计"课程的理论知识和会计核算方法。

(2)培养学生运用所学的"中级财务会计"课程的理论知识,分析和解决会计领域实际问题的能力。

(3)进一步深化和扩展所学的"中级财务会计"的理论知识和会计核算方法,培养学生分析问题、解决问题的能力,以及实践应用能力和创新能力。

前期需要掌握的知识

会计学基础、中级财务会计等课程相关知识以及会计和税收法规等。

实验时间安排建议

篇	章	实验（内容）	实验课时安排	实验内容与要求
上篇:资产篇	第二章	实验一:货币资金项目实验	4	1. 熟悉货币资金核算内容和核算流程 2. 编制相关交易或事项的记账凭证 3. 登记现金、银行存款日记账
		实验二:应收款项项目实验	6	1. 熟悉应收及预付款项核算内容和核算流程 2. 设置和登记相关明细账和总账
		实验三:存货项目实验	8	1. 熟悉存货核算内容和核算流程 2. 设置和登记存货核算的相关明细账、总账
		实验四:金融资产项目实验	4	1. 熟悉交易性金融资产、可供出售金融资产和持有至到期投资核算内容和核算流程 2. 掌握金融资产交易或事项设置和登记的相关明细账、总账
		实验五:长期股权投资项目实验	2	熟悉长期股权投资初始计量、后续计量核算内容和核算流程以及相关账簿的设置和登记
		实验六:固定资产项目实验	5	熟悉固定资产交易或事项核算内容和核算流程以及相关账簿的设置和登记
		实验七:无形资产项目实验	1	熟悉无形资产取得、摊销交易或事项核算内容和核算流程

续表

篇	章	实验（内容）	实验课时安排	实验内容与要求
上篇：资产篇	第三章	ERP资产核算拓展实验	4	熟悉掌握ERP下的会计核算流程
中篇：权益篇	第五章	负债项目实验	12	熟悉流动负债相关交易或事项核算的内容和核算流程，以及相关账簿的设置和登记 熟悉长期借款、应付债券以及债务重组相关交易或事项核算的内容和核算流程，以及相关账簿的设置和登记
	第六章	所有者权益项目实验	2	熟悉所有者权益核算内容和核算流程
	第七章	ERP权益核算拓展实验	2	掌握ERP下的会计核算流程
下篇：收入费用利润和报表篇	第九章	收入、费用和利润项目实验	12	1. 理解掌握收入确认条件 2. 熟悉收入和费用核算内容和核算流程 3. 熟悉掌握利润形成和分配的核算
	第十章	报表编制项目实验	4	掌握编制资产负债表、利润表等主要报表的编制方法
	第十一章	ERP收入、费用、利润、报表拓展实验	4	1. 掌握ERP下的会计核算流程 2. 掌握ERP下的会计纳税申报流程 3. 掌握ERP下报表编制流程
合计			70	

说明：

(1)对于ERP拓展实验，可依据学校设施条件选做；

(2)对于非会计专业的学生可适当压缩课时或有选择性地进行实验。

目录

中级财务会计项目实验 Contents

上篇　资　产　篇

中篇　权　益　篇

下篇　收入、费用、利润和报表篇

上篇　资　产　篇

第一章　实验平台设计

一、实验分组

1. 配备实验指导老师

配备专职或兼职实验指导老师，组织和指导实验全过程，并根据学生完成实验的质量和工作量进行评分。

2. 分组实验

依据仿真公司会计岗位设置情况，进行分组实验，以增强学生对实际会计岗位的认识。一般情况下，每组6人为宜，分工如下：

(1)会计主管：全面负责会计工作，制定公司内部财务制度并贯彻执行；编制财务计划、财务预算并负责实施；进行财务分析，参与企业经营决策。

(2)出纳：负责审核有关现金、银行存款等的有关原始凭证，编制收付款记账凭证，登记现金、银行存款日记账。

(3)材料(存货)核算：审核收料单、领料单、库存商品出入库单，并编制相关记账凭证，登记材料、库存商品等相关明细账。

(4)往来结算：负责应收及预付款项的明细核算；定期核对应收及预付款项，年终计提坏账准备。

(5)固定资产(兼无形资产)：负责固定资产、无形资产增减交易或事项的会计处理，编制固定资产折旧、无形资产摊销计提表，编制有关记账凭证，登记固定资产、无形资产明细账。

(6)总账(兼复核)：对有关交易或事项进行复核，编制科目汇总表，登记总账。

实验结束，应填写小组成员分工及工作量明细表，以便明确责任和进行考核评价。实验结束后，指导老师应组织学生进行经验交流，了解学生对会计核算工作的熟悉程度，发现存在的问题，以便有针对性地指导学生的实验。

二、实验材料准备

1. 账页

(1)总分类账。

(2)现金日记账。

(3)银行存款日记账。

(4)三栏式明细账。

(5)数量金额式明细账。

(6)多栏式明细账。

(7)材料采购明细账。

(8)应交税费——应交增值税明细账。

2. 会计凭证

(1)收款凭证。

(2)付款凭证。

(3)转账凭证。

(4)凭证封面。

(5)科目汇总表。

(6)凭证粘贴纸。

3. 其他

(1)胶水。

(2)直尺。

(3)小刀。

(4)大票夹、小票夹。

(5)装订机等。

实验目的

(1)通过实验,进一步理解和掌握中级财务会计课程资产相关理论知识和会计核算方法;熟练掌握从事会计工作的基本技能。

(2)感受会计人员的实际工作环境和工作作风,进一步提高学生综合处理会计实务的能力,提高学生的综合素质。

(3)培养学生运用所学的会计理论知识,分析和解决会计领域实际问题的能力。

(4)进一步深化和扩展所学的中级财务会计的理论知识和会计核算方法,培养学生分析问题、解决问题的能力,以及实践应用能力和创新能力。

实务操作的要求与方法

一、建账

1. 建账的要求

1)分类账

分类账包括总分类账和明细分类账。按照规范的一级会计科目,结合公司的实际需要设置必要的总分类账。其外在形式应采用订本式,其账页格式一般选用三栏式。

根据公司的实际需要在所设置的各总分类账簿下设置各所属的多个明细账,借以提供更为详尽的会计信息。明细账的外在形式可以采用订本式、活页式和卡片式等多种形式,其账页的格式应根据核算对象的不同要求分别采用三栏式账页、多栏式账页和数量金额式账页以及各种专用账页。

2）日记账

建立现金日记账和银行存款日记账，逐日逐笔记录现金和银行存款增减变动及其结存的基本情况。其外在形式应采用订本式，其账页格式一般选用三拦式。

2. 建账的方法

（1）填写账簿启用表。按照规定和需要取得各种账簿后，应在账簿的封面标明各账簿的名称，然后按照规定填写账簿启用表。

（2）按照国家税法规定交纳印花税。

（3）按照会计要素的具体项目填写账户名称。

（4）根据会计资料将期初余额填入各日记账、明细账和总账。

3. 操作流程

具体建账操作流程如图 1–1 所示。

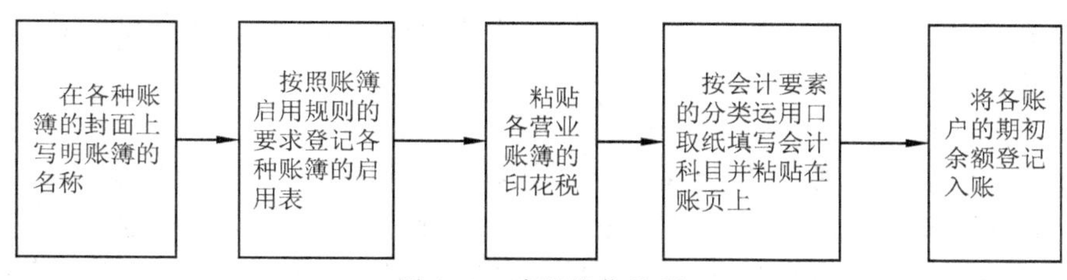

图 1–1　建账操作流程

二、原始凭证的审核与填制

1. 原始凭证字迹必须清晰、工整

填制原始凭证，具体要注意以下几点：

（1）阿拉伯数字应当一个一个地写，不要连笔写，阿拉伯金额数字前面应当书写货币币种符号或者货币名称简写。币种符号与阿拉伯金额数字之间不得留有空白。凡阿拉伯数字前写有币种符号的，数字后面不再写货币单位。

（2）所有以元为单位（其他货币种类为货币基本单位，下同）的阿拉伯数字，除表示单价等情况外，一律填写到角分；无角分的，角位和分位可写“00”，或者加符号“—”；有角无分的，分位应当写“0”，不得用符号“—”代替。

（3）汉字大写数字金额如零、壹、贰、叁、肆、伍、陆、柒、捌、玖、拾、佰、仟、万、亿等，一律用正楷或者行书体书写，不得用 0、一、二、三、四、五、六、七、八、九、十等字代替，不得任意自造简化字。大写金额数字有分的，分字后面不写“整”或者“正”字。

（4）大写金额数字前未印有货币名称的，应当加填货币名称，货币名称与金额数字之间不得留有空白。

（5）阿拉伯金额数字中间有“0”时，汉字大写金额要写“零”字；阿拉伯数字金额中间连续有几个“0”时，汉字大写金额中可以只写一个“零”字，阿拉伯金额数字元位是“0”，或者数字中间连续有几个“0”、元位也是“0”但角位不是“0”时，汉字大写金额可以只写一个“零”字，也可以不写“零”字。

2. 原始凭证日期的填写

原始凭证的填写日期一般为交易或事项发生或完成的日期。如果在交易或事项发生或完成时因各种原因未能及时填写原始凭证的,应以实际填制凭证日期为准。

3. 原始凭证的数量与金额的计算要正确无误

如遇某一业务涉及多个原始凭证,应在登记入账时注意检查各凭证的数量与金额加总计算的准确性,确保不错不漏。

三、记账凭证的填制与审核

1. 专用记账凭证的填制方法

1)收款凭证的填制方法

收款凭证是用来记录现金、银行存款增加交易或事项的凭证,它是由出纳人员根据审核无误的原始凭证收款后填制的。在收款凭证左上方所填列的借方科目,应是“库存现金”或“银行存款”科目。在凭证内所反映的贷方科目,应填列与“库存现金”或“银行存款”相对应的科目。金额栏填列交易或事项实际发生的数额,在凭证的右侧填写附原始凭证张数,并在出纳及制单处签名或盖章。

2)付款凭证的填制方法

付款凭证是用来记录现金、银行存款减少交易或事项的凭证。它是由出纳人员根据审核无误的原始凭证付款后填制的。在付款凭证左上方所填列的贷方科目,应是“库存现金”或“银行存款”科目。在凭证内所反映的借方科目,应填列与“库存现金”或“银行存款”相对应的科目。金额栏填列交易或事项实际发生的数额,在凭证的右侧填写所附原始凭证的张数。并在出纳及制单处签名或盖章。

注意:现金与银行存款之间的划转业务只编制付款凭证,如从银行提取现金只编制银行存款付款凭证,以避免重复记账。

3)转账凭证的填制方法

转账凭证是用以记录与库存现金、银行存款增减无关的转账业务的凭证,它是由会计人员根据审核无误的转账业务原始凭证填制的。在借贷记账法下,将交易或事项所涉及的会计科目全部填列在凭证内,借方科目在先,贷方科目在后,将各会计科目所记应借应贷的金额填列在“借方金额”或“贷方金额”栏内。借、贷方金额合计应该相等。制单人应在填制凭证后签名盖章,并在凭证的右侧填写所附原始凭证的张数。

2. 填制记账凭证应注意的问题

1)记账凭证的日期、编号

(1)记账凭证的日期填写一般为填制记账凭证的当天日期,但是在实际工作中要根据具体的情况来填写。涉及银行存款的收付时,一般根据银行的进账凭单或回执填写收款凭证;根据银行付款单据的日期或承付日期填写付款凭证。出差人员报销差旅费时,应填写报销当日的日期;现金收付时应根据实际收付日期填写。

(2)记账凭证的编号,可在填写记账凭证时填写,或在装订时填写,亦可在月末填写,编号时,要根据收付转凭证分别编号,复杂的会计事项,需要填制两张以上的记账凭证时,可采用分数编号法进行编号。如:第 2 号记账凭证的会计事项要填写 3 张记账凭证,则记账凭证的编号如下所示。

2 $\frac{1}{3}$ ——表示该项业务的第几张凭证 / 表示该项业务需要凭证总张数，2 $\frac{2}{3}$，2 $\frac{3}{3}$ / 表示该凭证总顺序号

2)记账凭证的摘要

记账凭证的摘要填写要简明、扼要。具体应注意:收付款凭证的摘要应写明收付款对象的名称、款项内容,如使用转账支票付款的,还应写明支票号码。购入材料等交易或事项的摘要应写明供货单位名称和所购材料的主要品种、数量等内容。对于冲销或补充的调整业务,在填写内容摘要时,应当写明被冲销或者补充记账凭证的编号及日期。

3)记账凭证的科目应填写完整、准确

第一,会计科目填写要完整,不许简写或用科目编号代替;第二,应写明一级会计科目和明细会计科目,以便登记明细分类账及总分类账;第三,注意会计科目的对应关系。

4)记账凭证的金额数字应填写正确

具体要注意以下几点:

(1)记账凭证的金额必须与原始凭证上的金额一致。

(2)在填写金额数字时,应平行对准借贷栏次和科目栏次,如果角位与分位没有数字金额要写 00 字样。

(3)每笔经济业务填入金额数字后,要在记账凭证的合计栏填写合计金额,合计金额数字前应填写人民币符号"￥",如果不是合计数,则不应填写人民币符号。

5)记账凭证所附原始凭证的张数要正确

一般来说,记账凭证应附有原始凭证,并注明所附原始凭证的张数。如果一张或几张原始凭证涉及几张记账凭证时,应将原始凭证附在一张主要的记账凭证上,其余记账凭证附件处注明"原始凭证附在××号记账凭证"的字样。

6)记账凭证的签章要齐全

记账凭证填制完成后,需要有关会计人员签名或盖章。

四、账簿登记与错账更正的要求与方法

1. 编制科目汇总表

(1)科目汇总表的内容必须具备:填制日期,会计科目,每一科目各自的借、贷方本期发生额合计数,填制人员签名、盖章。

(2)科目汇总表可以根据实际情况定期(五天、十天或一个月)编制一次。

(3)根据科目汇总表登记总账时,一般采用借、贷、余三栏式的格式。

注意:汇总完毕后应检查所有会计科目的借方本期发生额合计和贷方本期发生额合计是否相等,若不相等,则说明汇总或记账凭证有误,需查明错误原因并更正后方可据此登账。

2. 账簿登记的规则

(1)为了保证账簿记录的正确性,必须根据审核无误的会计凭证,及时、完整地登记各种账簿。为了防止被重记、漏记和便于查阅,记账时应将记账凭证的种类、号数记入账簿,同时在记账凭证上注明账簿页数或作"√"记号,表示已经登记入账。

(2)记账时必须使用钢笔或蓝黑墨水书写,不能使用铅笔或圆珠笔。红色墨水只限于结

账划线、改错或冲账时使用。

(3)账簿中摘要文字应简明扼要,数字和文字要书写整齐、规范,且要在其上面留有适当空距,不要写满格,一般应占格高的二分之一,数字用阿拉伯数字书写。

(4)各种账簿按页次顺序连续登记,不得跳行、隔页,如果发生跳行、隔页,应将空行、空页划线注销,或注明“此行空白”或“此页空白”字样,并由记账人员签名或盖章。

(5)凡需结出余额的账户,结出余额后,应在“借或贷”栏内写明“借”或“贷”字样。没有余额的账户,应在“借或贷”栏内写“平”字,并在余额栏元位用“0”表示。日记账必须每日结出余额。

(6)每一账页登记完毕结转下页时,应当结出本页发生额合计数及余额,写在本页最后一行和下页第一行有关栏内,并在摘要栏注明“过次页”和“承前页”字样。

(7)会计人员应当按照规定,定期结账。

(8)注意正确的改错方法,严禁刮、擦、挖、补或使用消字药水更改。

3. 错账更正

(1)本期发现的与本期相关的会计差错,应调整本期相关项目。

(2)本期发现的与前期相关的非重大会计差错,如影响损益,应直接计入本期净损益,其他相关项目也应作为本期数一并调整;如不影响损益,应调整本期相关项目。

(3)本期发现的与前期相关的重大会计差错,如影响损益,应将其对损益的影响数调整当期的期初留存收益,会计报表其他相关项目的期初数也应一并调;如不影响损益,应调整会计报表相关项目的期初数。

会计差错更正应采用划线更正法、红字更正法或补充更正法进行更正,不许任意涂改、挖、补、刮、擦及用修改液更正。

五、对账、结账与试算平衡的要求与方法

1. 对账

对账就是有关经济业务入账以后,进行账页记录的核对。主要包括:账证核对,账账核对,账实核对、账表核对。

2. 结账

(1)结账前,必须将本期内所发生的各项经济业务全部登记入账。

(2)结账时,应当结出每个账户的期末余额。需要结出当月发生额的,应当在摘要栏内注明“本月合计”字样,并在下面通栏划单红线。需要结出本年累计发生额的,应当在摘要栏内注明“本年累计”字样,并在下面通栏划单红线;12 月末的“本年累计”就是全年累计发生额,全年累计发生额下应当通栏划双红线,年度终了结账时,所有总账账户都应当结出全年发生额和年末余额。

(3)结账时应当根据不同的账户记录,分别采用不同的方法。

① 对不需要按月结计本期发生额的账户,如各项应收款明细账和各项财产物资明细账等,每次记账以后,都要随时给出余额,每月最后一笔余额即为月末余额。也就是说,月末余额就是本月最后一笔经济业务记录的同一行内的余额。月末结账时,只需要在最后一笔经济业务记录之下画一单红线,不需要再结计一次余额。

② 现金、银行存款日记账和需要按月结计发生额的收入、费用等明细账,每月结账时,要

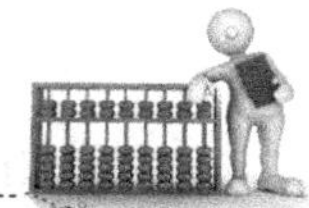

在最后一笔经济业务记录下面画一单红线，给出本月发生额和余额，在摘要栏内注明“本月合计”字样，在下面再画一条单红线。

③ 需要结计本年累计发生额的某些明细账户，如营业收入、成本明细账等，每月结账时，应在“本月合计”行下结计自年初起至本月末止的累计发生额，登记在月份发生额下面，在摘要栏内注明“本年累计”字样，并在下面再画一单红线。12 月末的“本年累计”就是全年累计发生额，全年累计发生额下画双红线。

④ 总账账户平时只需结计月末余额。年终结账时，为了反映全年各项资产、负债及所有者权益增减变动的全貌，便于核对账目，要将所有总账账户结计全年发生额和年末余额，在摘要栏内注明“本年合计”字样，并在合计数下画一双红线。

⑤ 需要结计本月发生额的某些账户，如果本月只发生一笔经济业务，由于这笔记录的金额就是本月发生额，结账时，只要在此行记录下画一单红线，表示与下月的发生额分开就可以了，不需另结出“本月合计”数。

3. 试算平衡的要求与方法

(1)将各账户的期初余额填入起初余额内，并检验各账户的借方余额是否等于贷方余额。

(2)将账簿中各账户的本期发生额分别按借方本期发生额、贷方本期发生额填入本期发生额内，并检查本期发生额借方合计是否等于贷方合计。

(3)据前两项结出本期期末余额，并将结果填入期末余额栏内，并检查期末借方余额合计是否等于贷方余额合计。

(4)若其中有一项不等则说明计算或记录有问题，需查明原因，及时调整。

六、会计凭证装订

1. 会计凭证装订要求

(1)会计凭证装订之前，要检查每张记账凭证所附原始凭证的张数是否齐全，并且要对附件进行必要的外形加工。

(2)装订之前要检查记账凭证是否分月按自然数 1、2、3、4……顺序连续编号，是否有跳号或重号现象。

(3)所有会计凭证每册都要用较结实的牛皮纸加具封面，并在封面上注明会计单位名称、会计凭证名称。此外，封面上还要填写凭证所反映的交易或事项发生的年、月份，凭证的起止号码，本扎凭证为几分之几册或本月几册，本册是第几册。

2. 会计凭证的装订方法

将科目汇总表附在会计凭证封面之下、会计凭证之前，磕叠整齐，用铁夹夹紧，装订机打眼后用线绳装订好，然后加具封面。在进行会计凭证装订时，要特别注意装订线眼处较大的原始凭证的折叠方法，防止装订以后不能翻开。

仿真公司概况

一、公司概况

(1)公司名称：济泰股份有限公司。

(2)注册地址：泰安市青春创业园创业路 108 号。

(3)企业类型:股份公司。

(4)经营范围:生产销售挖掘机械:挖掘机和铲车,销售业务为内销。

(5)法人代表:田振国。

(6)注册资金:31 000 000 元。

(7)所属行业:工业制造。

(8)纳税人登记号:370900000000898。

(9)纳税人类别:增值税一般纳税人。

(10)公司银行开户及证券公司开户情况:

开户行:中国农业银行泰山区支行;　　账号:9559900777666888899901。

证券资金账号:齐鲁证券交易所;　　账号:5877966321。

(11)会计人员:会计主管——王倩;会计——田明;复核——刘红;制单——刘莉;
出纳——海明。

(12)生产工艺流程:公司设置一个基本生产车间和一个辅助生产车间。基本生产车间主要生产铲车和挖掘机;辅助生产车间负责全公司机器设备的维修。

二、公司财务制度有关规定和说明

(1)公司库存现金限额为 40 000 元。

(2)坏账损失采用备抵法,计提坏账准备采用应收账款余额百分比法,年末按应收账款余额的 3‰计提。

(3)原料及主要材料日常收发核算按计划成本计价,材料收发逐笔结转,收入材料按实际成本差异入账,发出材料按上月材料成本差异率计算结转。周转材料按实际成本核算,发出周转材料采用先进先出法结转成本,并采用一次摊销法核算。库存商品按实际成本核算。

(4)固定资产的折旧均采用平均年限法。

(5)无形资产的摊销均采用平均年限法。

(6)成本计算采用品种法。

(7)公司为增值税一般纳税人,适用增值税税率为 17% 。

(8)城市维护建设税按实际缴纳的流转税(包括增值税、消费税)的 7% 计缴。

(9)教育费附加按实际缴纳的流转税(包括增值税、消费税)的 3% 计缴。

建账资料

本部分提供的建账资料,满足上篇——资产篇所有交易或事项核算的需要,具体资料有:

(1)2017 年 12 月初账户余额表,见表 1-1。

(2)2017 年 12 月初库存原材料结存表,见表 1-2。

(3)2017 年 12 月初库存周转材料结存表,见表 1-3。

(4)2017 年 12 月初库存商品结存表,见表 1-4。

(5)2017 年 12 月初生产成本明细账,见表 1-5。

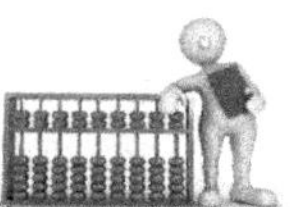

表 1-1 2017 年 12 月初账户余额表

单位:元

总账账户	二级账户	明细账户	借方余额	贷方余额
库存现金			**6 000**	
银行存款			**6 145 400**	
其他货币资金			**71 000**	
	银行汇票		70 000	
	存出投资款		1 000	
应收票据			**585 000**	
	齐鲁有限公司		117 000	
	广东东莞建筑公司		468 000	
应收账款			**823 000**	
	齐鲁有限公司		35 000	
	广东东莞建筑公司		534 000	
	济宁建筑公司		20 000	
	济南晨星公司		234 000	
坏账准备				**21 360**
其他应收款			**10 000**	
	销售科		10 000	
原材料			**370 000**	
		方钢	80 000	
		圆钢	50 000	
		线型钢	90 000	
		甲材料	150 000	
周转材料			**27 500**	
		工作服	18 000	
		刃具	9 500	
材料成本差异			**3 520**	
		方钢	3 440	
		圆钢	-4 000	
		线型钢	1 080	
		甲材料	3 000	
库存商品			**1 360 000**	
	挖掘机		700 000	
	铲车		660 000	
生产成本			**3 600 000**	
	挖掘机		1 400 000	
	铲车		2 200 000	
交易性金融资产			**110 000**	
	中国联通			
		成本	90 000	
		公允价值变动	20 000	
可供出售金融资产			**15 300**	

续表

单位:元

总账账户	二级账户	明细账户	借方余额	贷方余额
	中国建筑			
		成本	15 000	
		公允价值变动	300	
持有至到期投资			**223 000**	
	17 白药债		98 000	
		成本	100 000	
		利息调整	-2 000	
	12 盐城债		125 000	
		成本	100 000	
		应计利息	25 000	
长期股权投资			**2 650 000**	
	格力电器			
		投资成本	2 500 000	
		损益调整	150 000	
固定资产			**11 400 000**	
		设备	7 400 000	
		房屋建筑物	4 000 000	
累计折旧				**527 000**
在建工程			**4 000 000**	
	办公楼		4 000 000	
无形资产			**840 000**	
	专利权 B		240 000	
	专利权 C		600 000	
累计摊销				**87 000**
应付票据				**106 000**
	徐州钢铁有限公司			106 000
应付账款				**290 000**
	莱芜钢铁有限公司			290 000
股本				**31 000 000**
资本公积				**200 000**
盈余公积				**8 060**
其他综合收益				**300**
	公允价值变动			300
合计			**32 239 720**	**32 239 720**

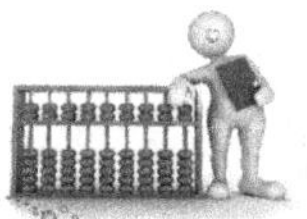

表 1-2　2017 年 12 月初库存原材料结存表

材料类别	计量单位	数量	计划单价(元)	金额(元)
方钢	吨	16	5 000	80 000
圆钢	吨	10	5 000	50 000
线型钢	吨	15	6 000	90 000
甲材料	千克	300	500	150 000
合计				370 000

表 1-3　2017 年 12 月初库存周转材料结存表

材料类别	计量单位	数量	实际单价(元)	金额(元)
工作服	套	100	180	18 000
刃具	件	50	190	9 500
合计				27 500

表 1-4　2017 年 12 月初库存商品结存表

材料类别	计量单位	数量	实际单价(元)	金额(元)
挖掘机	台	5	140 000	700 000
铲车	辆	3	220 000	660 000
合计				1 360 000

表 1-5　2017 年 12 月初生产成本明细账　　单位:元

成本项目 / 产品	直接材料	直接人工	制造费用	合计
挖掘机	1 000 000	100 000	300 000	1 400 000
铲车	1 800 000	150 000	250 000	2 200 000
合计	2 800 000	250 000	550 000	3 600 000

第二章　资产项目实验

实验一　货币资金项目实验

实验目的

通过货币资产项目实验，使学生：

(1)掌握有关货币资金交易或事项核算的程序、会计凭证的填制、审核方法和手续；

(2)掌握有关货币资金交易或事项核算相关会计政策、内部控制和金融政策等相关知识；

(3)熟悉掌握现金日记账、银行存款日记账的登记；

(4)掌握熟练掌握货币资金核算所需账户的设置、登记以及库存现金、银行存款清查业务的会计处理。

实验资料

济泰股份有限公司 2017 年 12 月份发生的有关货币资金业务如下：

(1)2017 年 12 月 1 日出纳海明提取现金 36 000 元备用，见凭证 2-1 和凭证 2-2。

凭证 2-1

中国农业银行**现金支票存根**

支票号码 NO.01172600

科　　目

对方科目

出票日期 2017 年 12 月 1 日

收款人：济泰股份有限公司
金　额：¥36 000.00
用　途：提现金备用

单位主管：王倩　　会计：田明

济泰股份……财务……

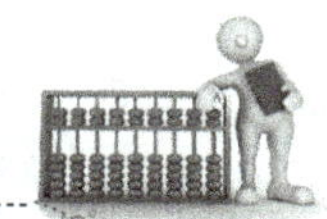

凭证 2-2

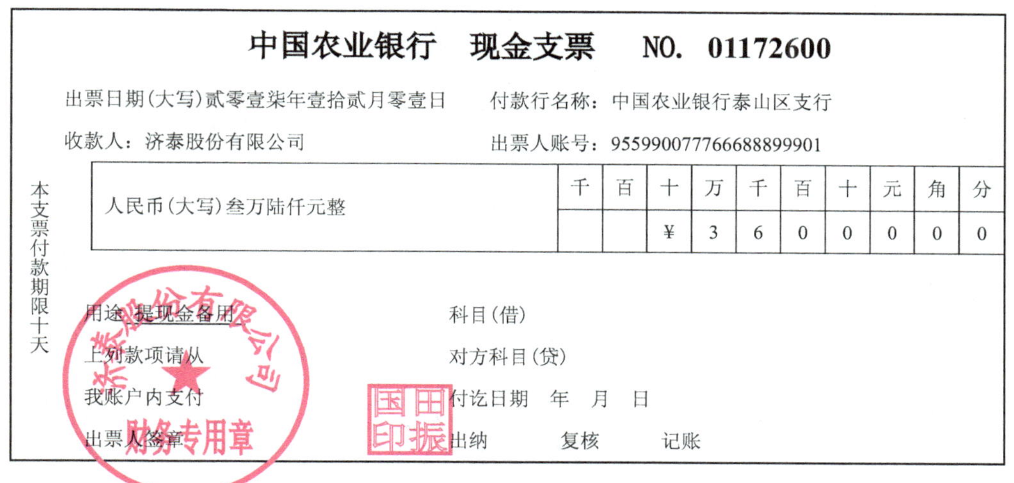

中国农业银行　现金支票　NO. 01172600

出票日期(大写)贰零壹柒年壹拾贰月零壹日　付款行名称：中国农业银行泰山区支行

收款人：济泰股份有限公司　出票人账号：9559900777666888899901

本支票付款期限十天

人民币(大写)	千	百	十	万	千	百	十	元	角	分
叁万陆仟元整			¥	3	6	0	0	0	0	0

用途 提现金备用　科目(借)

上列款项请从　对方科目(贷)

我账户内支付　付讫日期　年　月　日

出票人签章　出纳　复核　记账

济泰股份有限公司 财务专用章　国田印振

(2)2017 年 12 月 1 日，计划科汪洋出差预借差旅费 6 000 元，以现金付讫，见凭证 2-3。

凭证 2-3

济泰股份有限公司借款单

2017 年 12 月 2 日　NO：20111004

借款单位	计划科	借款人	汪洋	职务	科长	出差地点	广州
						出差时间	3 天
借款事由	开会			借款金额(大写)		陆仟元整	
部门负责人批示	同意			借款人签章	汪洋	付款方式	现金
部门负责人签章	同意　黄前			财务负责人审核意见	同意　王倩		

现金付讫

③记账联

(3)2017 年 12 月 1 日，收到齐鲁有限公司(账号：235890000，开户行：工商行岱岳办事处)前欠货款 35 000 元的转账支票一张。填制银行进账单存入该款项，见凭证 2-4。

凭证 2-4

中国农业银行进账单(加单或收账通知)

2017 年 12 月 1 日　　　　　　　　第 001 号

收款人	全称	济泰股份有限公司	付款人	全称	齐鲁有限公司
	账号	955990077766688899901		账号	235890000
	开户银行	中国农业银行泰山区支行		开户银行	工商行岱岳办事处

人民币(大写)叁万伍仟元整	千	百	十	万	千	百	十	元	角	分
			¥	3	5	0	0	0	0	0

票据种类	转账支票	收款人开户行盖章
票据张数	1	
单位主管　会计　复核　记账		

此联是收款人开户行交给收款人回单或收账通知

(印章:中国农业银行股份有限公司 泰安泰山区支行 业务办讫章)

(4)2017 年 12 月 2 日,销售给泰安建筑有限公司挖掘机 2 台,货款 400 000 元,增值税率 17%,收到 468 000 元转账支票一张。填制银行进账单存入银行。见凭证 2-5 ~ 凭证 2-7。

凭证 2-5

山东省增值税专用发票

发票联

开票日期:2017 年 12 月 2 日　　　　　　No 1063471

购货单位	名称:泰安建筑有限公司 纳税人登记号:370902000000121 地址、电话:泰安市泰山大街1670号 开户行及账号:工商银行齐鲁分理处53000068645	密码区	(略)

商品或劳务名称	计量单位	数量	单价	金额 千	百	十	万	千	百	十	元	角	分	税率%	税额 千	百	十	万	千	百	十	元	角	分
挖掘机	台	2	200 000			4	0	0	0	0	0	0	0	17				6	8	0	0	0	0	0
合计					¥	4	0	0	0	0	0	0	0	17			¥	6	8	0	0	0	0	0
价税合计(大写)	肆拾陆万捌仟元整														¥468 000.00									

销货单位	名称:济泰股份有限公司 纳税人登记号:370900000000898 地址、电话:泰安市青春创业园创业路108号 开户银行及账号:中国农业银行泰山区支行955990077766688899901	备注	

开票人:李三　　收款人:海明　　复核:刘红　　销货单位(章)

第一联 记账联

(印章:济泰股份有限公司 370900000000898 发票专用章)

凭证 2-6

中国农业银行进账单(加单或收账通知)

2017 年 12 月 2 日　　　　第 002 号

收款人	全称	济泰股份有限公司	付款人	全称	泰安建筑有限公司
	账号	95599007776668889901		账号	53000068645
	开户银行	中国农业银行泰山区支行		开户银行	工商银行齐鲁分理处

人民币(大写)肆拾陆万捌仟元整	千	百	十	万	千	百	十	元	角	分
		¥	4	6	8	0	0	0	0	0

票据种类	转账支票	收款人开户行盖章
票据张数	1	

单位主管 王倩　会计 田明　复核 刘红　记账

(印章：中国农业银行股份有限公司 泰安泰山区支行 业务办迄章)

凭证 2-7

产品出库单

用途:销售　　2017 年 12 月 2 日　　第 080 号

产品名称	计量单位	数量	单位成本	金额
挖掘机	台	2	140 000	280 000
合　　计				280 000

记账联

记账:田明　保管:田凯　检验:李华　经手人:黄红

(5)2017 年 12 月 2 日,济泰股份有限公司申请办理 300 000 万元的银行汇票,见凭证 2-8。

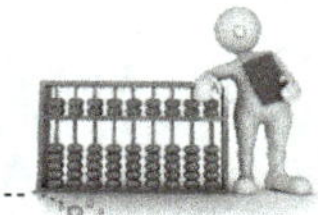

凭证 2-8

中国农业银行银行汇票申请书(存根)

2017 年 12 月 2 日　　　　第 002 号

收款人	广州东莞钢铁公司			汇款人	济泰股份有限公司								
账号或住址	6559900777666888899904			账号或住址	9559900777666888899901								
兑付地点	山东泰安	兑付行	农行泰山区支行	汇款用途	货款								
汇票金额	人民币(大写)叁拾万元整				百	十	万	千	百	十	元	角	分
					¥	3	0	0	0	0	0	0	0
备注 中国农业银行股份有限公司 泰安泰山区支行 业务办讫章	科　目______ 对方科目______ 财务主管　　复核　　经办												

(6)2017 年 12 月 3 日,广东东莞建筑公司支付前欠货款 468 000 元,收到银行汇票一张,见凭证 2-9 和凭证 2-10。

凭证 2-9

中国农业银行 2

银行汇票　　第 3 号

付款期
一个月

出票日期
(大写)贰零壹柒年壹拾贰月零叁日

兑付地点:广东东莞　兑付行:中行东莞支行　行号:×

收款人: 济泰股份有限公司　账号或住址:9559900777666888899901									
出票金额 人民币(大写)伍拾万元整									
	百	十	万	千	百	十	元	角	分
实际结算金额 人民币(大写)肆拾陆万捌仟元整	¥	4	6	8	0	0	0	0	0

申请人: 广东东莞建筑公司　　账号: 7559900777666888899904

出票行: 中行东莞支行

备注:

凭票付款

出票行签章　(中国银行股份有限公司 东莞支行 业务办讫章)

密押:								复核 记账
多余金额								
百	十	万	千	百	十	元	角	
	¥	3	2	0	0	0	0	

此联代理付款行付款后作联行往账借方凭证附件

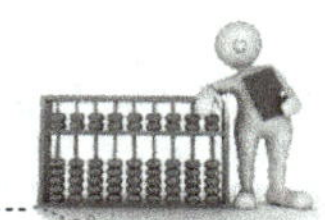

凭证 2-10

中国农业银行进账单(加单或收账通知)

2017 年 12 月 3 日　　　　第 003 号

收款人			付款人		
	全　称	济泰股份有限公司		全　称	广东东莞建筑公司
	账　号	955990077766688899901		账　号	755990077766688899904
	开户银行	中国农业银行泰山区支行		开户银行	中行东莞支行

人民币(大写)肆拾陆万捌仟元整	千	百	十	万	千	百	十	元	角	分
		¥	4	6	8	0	0	0	0	0

票据种类	银行汇票	收款人开户行盖章
票据张数	1	
单位主管 王倩　会计　复核　记账		

中国农业银行股份有限公司
泰安泰山区支行
业务办讫章

收账通知

此联是收款人开户行交给收款人回单或

(7)2017 年 12 月 3 日,预付莱芜钢铁有限公司货款 400 000 元,以电汇方式支付,见凭证 2-11和凭证 2-12。

凭证 2-11

中国农业银行电汇凭证(回单)

委托日期 2017 年 12 月 3 日　　　　第 002 号

汇款人					收款人				
	全　称	济泰股份有限公司				全　称	莱芜钢铁有限公司		
	账　号	955990077766688899901				账　号	655990077766688899911		
	汇出地点	泰安	汇出行名称	农行泰山区支行		汇入地点	莱芜	汇入行名称	建行莱城区支行

人民币(大写)肆拾万元整	千	百	十	万	千	百	十	元	角	分
		¥	4	0	0	0	0	0	0	0

汇出行盖章	支付密码
	附加信息及用途　预付货款
	复核　记账

中国农业银行股份有限公司
泰安泰山区支行
业务办讫章

此联是汇出银行交给汇款单位的回单

凭证 2-12

预付款项申请单

2017 年 12 月 3 日

申请金额:400 000元	批准金额:400 000元	预付方式:电汇
收款单位:莱芜钢铁有限公司	收款单位开户行:建行莱城区支行	账号:6559900777666888999911
预付内容: 货款 合同(协议)总金额:936 000元　　已预付款: 0 元 附合同 1 份,书面协议 份,合同号 02021 。		
预计到货或工程完工时间: 2017 年 12 月 12 日		
批准人:田振国　　总会计师:贾仁		
执行情况		

单位主管:田振国　　申请人:文海　　会计主管:王倩　　财务经办:海明

①存根联附传票

(8)12 月 5 日,销售科购买办公用品 990 元,以现金补足备用金定额(销售科实行定额备用金制)。相关资料见凭证 2-13 ~ 凭证 2-15。

凭证 2-13

山东省商品销售统一发票

发票联

国税 NO.1212344

单位:济泰股份有限公司　　2017 年 12 月 5 日

品 名	规 格	单 位	数 量	单 价	万	千	百	十	元	角	分
					金额						
公务夹		个	11	90			9	9	0	0	0
金额合计:人民币(大写)玖佰玖拾元整						¥	9	9	0	0	0

收款单位名称(盖章)　泰山银座公司　　开票人:王红

第二联:发票联(客户做报销凭证)

泰山银座公司 财务专用章

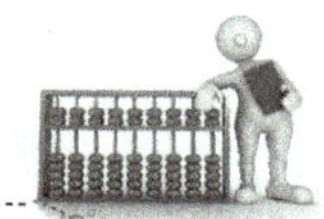

凭证 2-14

办公用品领用表

2017 年 12 月 5 日

领用部门（人员）	领发数量				备注
	公务夹（个）			金额	
李小华	2			180	办公用
凌霄同	2			180	办公用
李庆平	6			540	办公用
李红凯	1			90	办公用
合计	11			990	

制单：刘莉

凭证 2-15

济泰股份有限公司费用报销单

2017 年 12 月 5 日

部门	销售科	申报人	李小华	页数		附件	2 张
序号	业务发生时间	事由		金额		参与人	
1	2017 年 12 月 5 日	购买办公用品		990. 00		李小华、凌霄同、李庆平、李红凯	
合计	(大写) 人民币玖佰玖拾元整 现金付讫			¥990.00			
单位负责人意见:同意 田振国				财务主管审批:同意 王倩			
出纳:海明				报销领款人签字:李小华			

(9)2017 年 12 月 5 日，计划科汪洋出差归来，报销差旅费 6 050 元，补付现金 50 元，见凭证 2-16和凭证 2-17。

凭证 2-16

济泰股份有限公司

差 旅 费 报 销 单

部门：计划科　　　　　　　　2017年12月5日

出发地			到达地			公出补助			车船飞机费	卧铺	住宿费	市内车费	邮电费	其他	合计金额
月	日	地点	月	日	地点	天数	标准	金额							
12	2	泰安	12	5	广州	3	30	90	3 000		2 600	100	150	110	6 050.00
合计								90	3 000		2 600	100	150	110	6 050.00
合计人民币（大写）　陆仟零伍拾元整															
借款金额	6 000	退（补）金额		(50)		退（补）方式		现金			领导意见		同意		

附件10张

单位领导：田振国　　财务主管：王倩　　公出人姓名：汪洋　　审核人：刘红

凭证 2-17

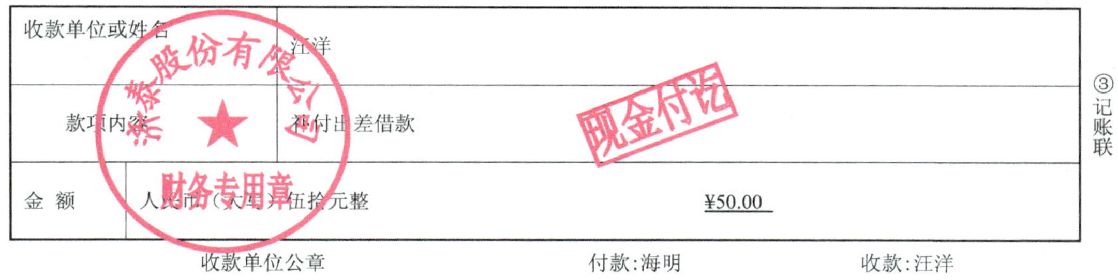

支 付 凭 证

2017年 12月5日　　　　第 001 号

收款单位或姓名	汪洋
款项内容	补付出差借款
金额	人民币（大写）伍拾元整　　¥50.00

③记账联

收款单位公章　　付款：海明　　收款：汪洋

（10）2017 年 12 月 5 日，收到罚款 1 000 元，见凭证 2-18 和凭证 2-19。

凭证 2-18

罚款通知单

公司各部门：

生产车间职工王红因违规操作，给公司造成较大损失，对其罚款1 000元。以示警告。

生产车间办公室

2017年12月5日

济泰股份有限公司 基本生产车间

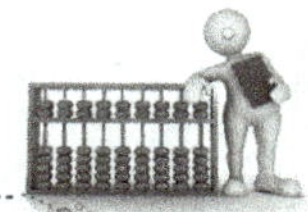

凭证 2-19

收　据

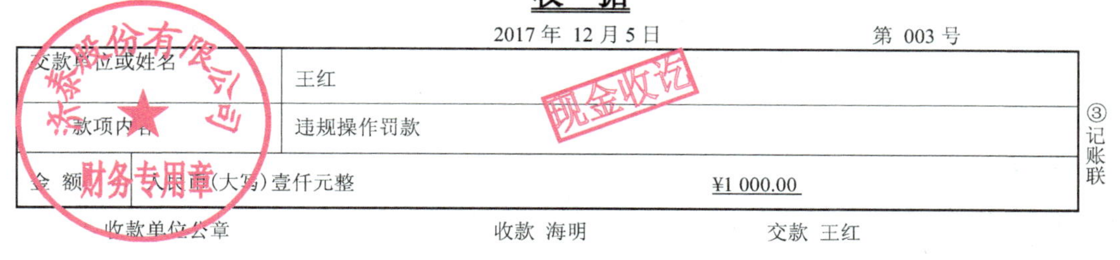

2017 年 12 月 5 日　　　　第 003 号

交款单位或姓名	王红
款项内容	违规操作罚款
金　额	人民币(大写)壹仟元整　　¥1 000.00

③记账联

收款单位公章　　　收款　海明　　　交款　王红

(11)2017 年 12 月 5 日，盘点现金，盘亏 1 000 元，见凭证 2-20 和凭证 2-21。

凭证 2-20

库存现金盘点表

截至日期:2017年 12 月 5 日　　　　盘点日期:　2017 年 12 月 5 日

公司名称:济泰股份有限公司　　　　单位:元

项 目	库存现金科目余额	现金实存数(不能超过4 000元)	差异(账面一实存)
金额	2 780. 00	1 780. 00	1 000. 00
差异原因			
处理意见			
币值种类	单位	数量	金额
100	元	14	1400
50	元	6	300
20	元	2	40
10	元	3	30
5	元	0	0
2	元	0	0
1	元	9	9
5	角	2	1
2	角	0	0
1	角	0	0
5	分	0	0
2	分	0	0
1	分	0	0
合计	元	0	1 780. 00

盘点小组组长:吴辉　　　会计:田明　　　出纳:海明

凭证 2-21

现金盘点报告表

2017 年 12 月 5 日

摘　要	实存金额	账存金额	盈	亏	备注
1. 主币	1 779. 00	2 779. 00	0	1 000. 00	
2. 辅币	1. 00	1. 00			
3. 未入账					盘亏
4. 白条					
5. 其他					
合计	1 780. 00	2 780. 00		1 000. 00	

（12）2017 年 12 月 6 日，盘点现金，盘亏 1 000 元，经调查，盘亏款项原因不明，冲减管理费用处理，见凭证 2-22。

凭证 2-22

现金盘亏处理意见

财务科：

现金盘亏 1 000元，经调查，盘亏款项原因不明，冲减管理费用处理。

单位负责人：田振国

2017 年 12 月 6 日

实验设计

（1）实验类型：单项实验。

（2）实验时间：4 课时。

（3）实验材料：收款凭证 7 张，付款凭证 10 张，转账凭证 4 张，总账 11 户，三栏式明细账 5 户，多栏式明细账 2 户，增值税明细账 1 户、现金日记账 1 户、银行存款日记账 1 户。

实验程序

（1）依据第一章建账资料建账。

（2）审核原始凭证，并依据审核无误的原始凭证编制记账凭证。

（3）登记相应明细账、日记账。

（4）编制科目汇总表登记总账（也可以月末编制一次科目汇总表，然后登记总账）。

实验二　应收款项项目实验

实验目的

通过应收款项项目实验，使学生：

（1）掌握有关应收账款、应收票据、预付账款交易或事项核算的程序，以及会计凭证的填制、审核方法和手续。

（2）掌握有关应收票据贴现交易或事项核算程序和方法。

（3）熟练掌握坏账准备的计提与核算。

（4）熟练掌握应收及预付款项核算所需账户的设置、登记。

实验资料

2017 年 12 月份，有关应收及预付款项有关交易或事项资料如下：

（1）12 月 6 日，销售铲车一辆，产品已发运，当天办妥委托收款手续。相关资料见凭证 2-23 ~ 凭证 2-25。

凭证 2-23

中国农业银行托收承付凭证(回单)1

第 11 号

委托日期 2017 年 12 月 6 日

托收号码:1116

承付期限
到期 2017 年 12 月 8 日

收款人	全称	济泰股份有限公司	付款人	全称	义力市绿化公司
	账号	9559900777666888899901		账号	8559900777666888899908
	开户银行	中国农业银行泰山区支行		开户银行	工商行义力市支行

委托金额	人民币(大写)叁拾伍万壹仟元整	千	百	十	万	千	百	十	元	角	分
			¥	3	5	1	0	0	0	0	0

款项内容	货款	委托收款凭证名称	销售发票	附寄单证张数	1
货物发运情况	已发运			合同号	12128
备注:	款项收妥日期 年　月　日			(收款人开户银行盖章) 2017 年 12 月 6 日	

此联是付款人开户银行给收款单位的回单

凭证 2-24

山东省增值税专用发票
发票联

开票日期: 2017 年 12 月 6 日

№ 1063472

购货单位	名　称: 义力市绿化公司 纳税人登记号: 954585069862329 地 址、电 话: 义力市广州路 168 号 开户行及账号: 工商行义力市支行8559900777666888899908	密码区	(略)

商品或劳务名称	计量单位	数量	单价	金额 千	百	十	万	千	百	十	元	角	分	税率%	税额 千	百	十	万	千	百	十	元	角	分
铲车	辆	1	300 000			3	0	0	0	0	0	0	0	17				5	1	0	0	0	0	0
合　计					¥	3	0	0	0	0	0	0	0	17			¥	5	1	0	0	0	0	0
价税合计(大写)	叁拾伍万壹仟元整														¥351 000.00									

销货单位	名　称: 济泰股份有限公司 纳税人登记号: 370900000000898 地 址、电 话: 泰安市青春创业园创业路108号 开户银行及账号: 中国农业银行泰山区支行9559900777666888899901	备注	

开票人: 李三　　收款人: 海明　　复核: 刘红　　销货单位(章)

第一联 记账联

凭证 2-25

产 品 出 库 单

用途:销售　　　　2017 年 12 月 6 日　　　　第 081 号

产品名称	计量单位	数量	单位成本	金额
铲车	辆	1	220 000	220 000
合　　计				220 000

记账联

记账:田明　　保管:田凯　　检验:李华　　经手人:黄红

（2）2017 年 12 月 6 日，收到广东东莞建筑公司前欠货款 66 000 元，见凭证 2-26。

凭证 2-26

中国农业银行托收承付凭证(收账通知)4

第　10　号

委托日期 2017 年 11 月30日　　　　托收号码:1115

承付期限
到期 2017 年 12 月 6 日

收款人	全　称	济泰股份有限公司	付款人	全　称	广东东莞建筑公司
	账　号	95599007766688899901		账　号	75599007766688899904
	开户银行	中国农业银行泰山区支行		开户银行	中行东莞支行

委托金额	人民币(大写)陆万陆仟元整	千	百	十	万	千	百	十	元	角	分
				¥	6	6	0	0	0	0	0

款项内容	货款	委托收款凭证名称	销售发票	附寄单证张数	1
货物发运情况	已发运			合同号	12125
备注:	本托收款项已由付款人开户行全额划回并收入你账户内。 中国农业银行股份有限公司 泰安泰山区支行 业务办讫章 (收款人开户银行盖章)2017 年 12 月 6 日			科目________ 对方科目________ 转账　　年　月　日 单位主管　会计　记账　复核	

此联是付款人开户银行在款项收托后给收款单位的收账通知

（3）2017 年 12 月 6 日，济泰股份有限公司标价 200 000 元的挖掘机，以 10% 的商业折扣销售给齐鲁有限公司，收到转账支票一张。见凭证 2-27 ~ 凭证 2-30。

凭证 2-27

产品出库单

用途：销售　　　　2017 年 12 月 6 日　　　　第 085 号

产品名称	计量单位	数量	单位成本	金额
挖掘机	台	1	140 000	140 000
合　　计				140 000

记账联

记账：田明　　保管：田凯　　检验：李华　　经手人：黄红

凭证 2-28

山东省增值税专用发票
发票联

开票日期：2017年12月6日　　　　NO 1063473

购货单位	名　称：齐鲁有限公司 纳税人登记号：307985069862329 地 址、电 话：泰安市泰山大街1680号 开户行及账号：工商行岱岳办事处235890000	密码区	（略）

商品或劳务名称	计量单位	数量	单价	金额 千	百	十	万	千	百	十	元	角	分	税率%	税额 千	百	十	万	千	百	十	元	角	分
挖掘机	台	1	180 000			1	8	0	0	0	0	0	0	17				3	0	6	0	0	0	0
合　　计					¥	1	8	0	0	0	0	0	0	17			¥	3	0	6	0	0	0	0

价税合计（大写）	贰拾壹万零陆佰元整	¥210 600.00

销货单位	名　称：济泰股份有限公司 纳税人登记号：370900000000898 地 址、电 话：泰安市青春创业园创业路108号 开户行及账号：中国农业银行泰山区支行9559900777666888899901	备注	济泰股份有限公司 370900000000898 发票专业章

第一联 记账联

开票人：李三　　收款人：海明　　复核：刘红　　销货单位（章）

凭证 2-29

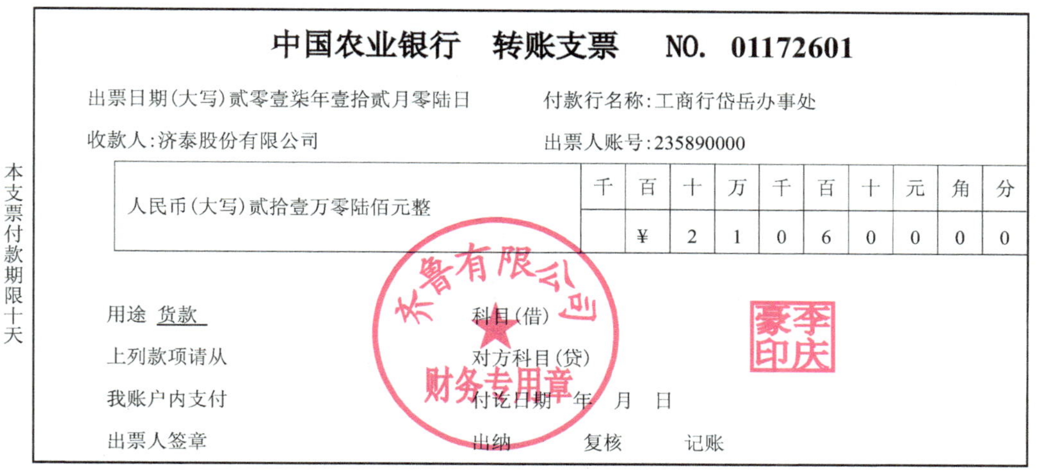

中国农业银行　转账支票　NO. 01172601

本支票付款期限十天

出票日期（大写）贰零壹柒年壹拾贰月零陆日　　付款行名称：工商行岱岳办事处

收款人：济泰股份有限公司　　出票人账号：235890000

人民币（大写）贰拾壹万零陆佰元整	千	百	十	万	千	百	十	元	角	分
		¥	2	1	0	6	0	0	0	0

用途 货款　　科目（借）

上列款项请从　　对方科目（贷）

我账户内支付　　付讫日期　年　月　日

出票人签章　　出纳　复核　记账

凭证 2-30

中国农业银行进账单（加单或收账通知）

2017 年 12 月 6 日　　第 004 号

收款人	全　称	济泰股份有限公司	付款人	全　称	齐鲁有限公司
	账　号	9559900777666888999 01		账　号	235890000
	开户银行	中国农业银行泰山区支行		开户银行	工商行岱岳办事处

人民币（大写）贰拾壹万零陆佰元整	千	百	十	万	千	百	十	元	角	分
		¥	2	1	0	6	0	0	0	0

票据种类	转账支票	收款人开户行盖章
票据张数	1	
单位主管　会计　复核　记账		

此联是收款人开户行交给收款人回单或收账通知

（印章：中国农业银行股份有限公司泰山区支行 业务办讫章）

（4）12 月 6 日，销售铲车一辆，产品已发运，当天办托委托收款手续。相关资料见凭证 2-31 ~ 凭证 2-34。

凭证 2-31

中国农业银行托收承付凭证(回单)1

第 12 号

委托日期 2017 年 12 月 6 日

托收号码:1117

承付期限
到期 2018 年 1 月 5 日

收款人	全称	济泰股份有限公司	付款人	全称	广东东莞建筑公司
	账号	95599007776668889901		账号	75599007776668889904
	开户银行	中国农业银行泰山区支行		开户银行	中行东莞支行

委托金额	人民币(大写)叁拾伍万壹仟元整	千	百	十	万	千	百	十	元	角	分
			¥	3	5	1	0	0	0	0	0

款项内容	货款	委托收款凭证名称	销售发票	附寄单证张数	1
货物发运情况	已发运			合同号	12129
备注:		款项受托日期 年 月 日		(收款人开户银行盖章) 2017 年 12 月 6 日	

此联为付款人开户行交给收款人的回单

凭证 2-32

山东省增值税专用发票

发票联

开票日期: 2017 年 12 月 6 日　　No 1063474

购货单位	名称: 广东东莞建筑公司 纳税人登记号: 444585069862385 地址、电话: 广东东莞人民路168号 开户行及账号: 工商银行人民路分理处53000068645	密码区	(略)

商品或劳务名称	计量单位	数量	单价	金额 千	百	十	万	千	百	十	元	角	分	税率%	税额 千	百	十	万	千	百	十	元	角	分
铲车	辆	1	300 000			3	0	0	0	0	0	0	0	17				5	1	0	0	0	0	0
合计					¥	3	0	0	0	0	0	0	0	17			¥	5	1	0	0	0	0	0
价税合计(大写)	叁拾伍万壹仟元整																			¥351 000.00				

销货单位	名称: 济泰股份有限公司 纳税人登记号: 370900000000898 地址、电话: 泰安市青春创业园创业路108号 开户行及账号: 中国农业银行泰山区支行95599007776668889901	备注	

开票人: 李三　　收款人: 海明　　复核: 刘红　　销货单位(章)

第一联 记账联

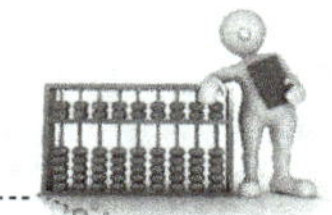

凭证 2-33

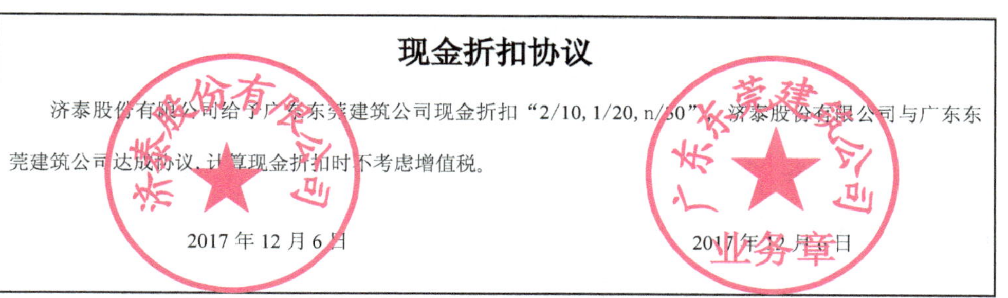

现金折扣协议

济泰股份有限公司给予广东东莞建筑公司现金折扣"2/10, 1/20, n/30"，济泰股份有限公司与广东东莞建筑公司达成协议，计算现金折扣时不考虑增值税。

2017 年 12 月 6 日　　　　2017 年 12 月 6 日

凭证 2-34

产 品 出 库 单

用途：销售　　　　2017 年 12 月 6 日　　　　第 086 号

产品名称	计量单位	数量	单位成本	金额
铲车	辆	1	220 000	220 000
合　　计				220 000

记账联

记账：田明　　保管：田凯　　检验：李华　　经手人：黄红

（5）2017 年 12 月 7 日，销售挖掘机给齐鲁有限公司，收到一张期限 2 个月的无息已承兑的商业承兑汇票。相关资料见凭证 2-35 ~ 凭证 2-38。

凭证 2-35（汇票背面）

被背书人	被背书人
背书人签章 年　月　日	背书人签章 年　月　日

粘贴单处

凭证 2-35（汇票正面）

商业承兑汇票　2

出票日期　贰零壹柒年壹拾贰月零柒日

<table>
<tr><td rowspan="3">付款人</td><td>全　　称</td><td colspan="3">齐鲁有限公司</td><td rowspan="3">收款人</td><td>全　　称</td><td colspan="3">济泰股份有限公司</td></tr>
<tr><td>账　　号</td><td colspan="3">235890000</td><td>账　　号</td><td colspan="3">955990077766688899901</td></tr>
<tr><td>开户银行</td><td>工商行岱岳办事处</td><td>行号</td><td></td><td>开户银行</td><td>农业泰山区支行</td><td>行号</td><td></td></tr>
<tr><td colspan="2" rowspan="2">出票金额</td><td colspan="7" rowspan="2">人民币（大写）肆拾陆万捌仟元整</td><td>百 十 万 千 百 十 元 角 分</td></tr>
<tr><td>¥ 4 6 8 0 0 0 0 0</td></tr>
<tr><td colspan="2">出票到期日</td><td colspan="3">贰零壹捌年零贰月零柒日</td><td rowspan="2">付款人开户行</td><td>行号</td><td colspan="3"></td></tr>
<tr><td colspan="2">交易合同号</td><td colspan="3">02011</td><td>地址</td><td colspan="3">山东泰安</td></tr>
<tr><td colspan="5">本汇票已经承兑，到期无条件支付款项。
齐鲁有限公司 财务专用章
承兑人签章
承兑日期　2017 年 12 月 7 日</td><td colspan="5">此致本汇票请予以承兑于到期日付款。
济泰股份有限公司 财务专用章
出票人签章</td></tr>
</table>

此联持票人开户行随托收凭证寄付款人开户行作借款凭证附件

凭证 2-36（汇票背面复印件）

被背书人	被背书人
背书人签章 年　月　日	背书人签章 年　月　日

粘贴单处

凭证 2–36（汇票正面复印件）

商业承兑汇票　2

出票日期　贰零壹柒年壹拾贰月零柒日

付款人				收款人			
全称	齐鲁有限公司			全称	济泰股份有限公司		
账号	235890000			账号	95599007776668889901		
开户银行	工商行岱岳办事处	行号		开户银行	农业泰山区支行	行号	

出票金额	人民币（大写）肆拾陆万捌仟元整	百	十	万	千	百	十	元	角	分
		¥	4	6	8	0	0	0	0	0

汇票到期日	贰零壹捌年零贰月零柒日	付款人开户行	行号	
交易合同号	02011		地址	山东泰安

本汇票已经承兑，到期无条件支付款项。	此致本汇票请予以承兑于到期日付款
承兑人签章 承兑日期　2017年12月7日	出票人签章

齐鲁有限公司 财务专用章

济泰股份有限公司 财务专用章

此联持票人开户行随托收凭证寄付款人开户行作借款凭证附件

凭证 2–37

山东省增值税专用发票

发　票　联

开票日期：2017年12月7日　　　　NO　1063475

购货单位	名　　称：齐鲁有限公司 纳税人登记号：307985069862329 地 址、电 话：泰安市泰山大街1680号 开户行及账号：工商行岱岳办事处235890000	密码区	（略）

商品或劳务名称	计量单位	数量	单价	金额 千	百	十	万	千	百	十	元	角	分	税率%	税额 千	百	十	万	千	百	十	元	角	分
挖掘机	台	2	200 000			4	0	0	0	0	0	0	0	17				6	8	0	0	0	0	0
合　　计					¥	4	0	0	0	0	0	0	0	17			¥	6	8	0	0	0	0	0
价税合计（大写）	肆拾陆万捌仟元整																				¥468 000.00			

销货单位	名　　称：济泰股份有限公司 纳税人登记号：370900000000898 地 址、电 话：泰安市青春创业园创业路108号 开户行及账号：中国农业银行泰山区支行95599007776668889901	备注

济泰股份有限公司 370900000000898 发票专用章

开票人：李三　　收款人：海明　　复核：刘红　　销货单位（章）

第一联　记账联

凭证 2-38

产品出库单

用途：销售　　　　2017 年 12 月 7 日　　　　第 087 号

产品名称	计量单位	数量	单位成本	金额
挖掘机	台	2	140 000	280 000
合　　计				280 000

记账联

记账：田明　　保管：田凯　　检验：李华　　经手人：黄红

（6）2017 年 12 月 8 日，销售铲车给齐鲁有限公司，收到一张期限 3 个月无息已承兑的银行承兑汇票。相关资料见凭证 2-39 ~ 凭证 2-44。

凭证 2-39

产品出库单

用途：销售　　　　2017 年 12 月 8 日　　　　第 087 号

产品名称	计量单位	数量	单位成本	金额
铲车	辆	1	220 000	220 000
合　　计				220 000

记账联

记账：田明　　保管：田凯　　检验：李华　　经手人：黄红

凭证 2-40（汇票背面）

被背书人	被背书人
背书人签章 年　月　日	背书人签章 年　月　日

粘贴单处

凭证 2-40 （汇票正面）

银行承兑汇票 2

出票日期 贰零壹柒年壹拾贰月零捌日

付款人			收款人		
付款人	全　称	齐鲁有限公司	收款人	全　称	济泰股份有限公司
	账　号	235890000		账　号	9559900777666888999901
	开户银行	工商行岱岳办事处　行号		开户银行	农业泰山区支行　行号

出票金额	人民币(大写)叁拾伍万壹仟元整	百	十	万	千	百	十	元	角	分
		¥	3	5	1	0	0	0	0	0

出票到期日	贰零壹捌年零叁月零捌日	付款人开户行	行号	
承兑协议编号	13134		地址	山东泰安

本汇票请你行承兑，到期无条件支付款项。 齐鲁有限公司 财务专用章 出票人签章	本汇票已经承兑，到期日由本行付款。 中国工商银行股份有限公司 岱岳办事处 业务办讫章 承兑行签章 承兑日期 2017年12月8日 备注：	科目(借) 对方科目(贷) 转账　　年　月　日 复核　　记账

由收款人开户行向承兑银行收取票款时作联行往来账付出传票

凭证 2-41 （汇票正面）

银行承兑汇票 3

出票日期 贰零壹柒年壹拾贰月零捌日

付款人			收款人		
付款人	全　称	齐鲁有限公司	收款人	全　称	济泰股份有限公司
	账　号	235890000		账　号	9559900777666888999901
	开户银行	工商行岱岳办事处　行号		开户银行	农业泰山区支行　行号

出票金额	人民币(大写)叁拾伍万壹仟元整	百	十	万	千	百	十	元	角	分
		¥	3	5	1	0	0	0	0	0

出票到期日	贰零壹捌年零叁月零捌日	付款人开户行	行号	
承兑协议编号	13134		地址	山东泰安

本汇票请你行承兑到期无条件支付款项。 齐鲁有限公司 财务专用章 出票人签章	本汇票已经承兑，到期日由本行付款。 中国工商银行股份有限公司 岱岳办事处 业务办讫章 承兑行签章 承兑日期 2017年12月8日 备注：	科目(借) 对方科目(贷) 转账　　年　月　日 复核　　记账

由收款人开户银行收取票款时随报单寄给承兑行，承兑行作付出传票附件

凭证 2-42

山东省增值税专用发票

发票联

开票日期：2017 年 12 月 8 日　　　　№ 1063476

购货单位		密码区	
	名　　称：齐鲁有限公司 纳税人登记号：307985069862329 地 址、电 话：泰安市泰山大街1680号 开户行及账号：工商行岱岳办事处235890000		（略）

商品或劳务名称	计量单位	数量	单价	金额 千	百	十	万	千	百	十	元	角	分	税率%	税额 千	百	十	万	千	百	十	元	角	分
铲车	辆	1	300 000			3	0	0	0	0	0	0	0	17				5	1	0	0	0	0	0
合　　计					¥	3	0	0	0	0	0	0	0	17			¥	5	1	0	0	0	0	0
价税合计（大写）	叁拾伍万壹仟元整																	¥351 000.00						

销货单位		备注
	名　　称：济泰股份有限公司 纳税人登记号：370900000000898 地 址、电 话：泰安市青春创业园创业路108号 开户行及账号：中国农业银行泰山区支行95599007776668889901	济泰股份有限公司 370900000000898 发票专业章

开票人：李三　　收款人：海明　　复核：刘红　　销货单位（章）

第一联　记账联

凭证 2-43（汇票背面复印件）

被背书人	被背书人
背书人签章 年　月　日	背书人签章 年　月　日

粘贴单处

凭证 2-43（汇票正面复印件）

银行承兑汇票 2

出票日期 贰零壹柒年壹拾贰月零捌日

付款人	全 称	齐鲁有限公司		收款人	全 称	济泰股份有限公司	
	账 号	235890000			账 号	95599007776668889901	
	开户银行	工商行岱岳办事处	行号		开户银行	农业泰山区支行	行号

出票金额	人民币（大写）叁拾伍万壹仟元整	百	十	万	千	百	十	元	角	分
		¥	3	5	1	0	0	0	0	0

出票到期日	贰零壹捌年零叁月零捌日	付款人开户行	行号	
承兑协议编号	13134		地址	山东泰安

本汇票请你行承兑，到期无条件支付款项。 齐鲁有限公司 财务专用章 出票人签章	本汇票已经承兑，到期日由本行付款。 承兑行签章 中国工商银行股份有限公司 岱岳办事处 业务办讫章 承兑日期 2017年12月8日 备注：	科目（借） 对方科目（贷） 转账 年 月 日 复核 记账

由收款人开户行向承兑银行收取票款时作联行往来账付出传票

凭证 2-44（汇票正面复印件）

银行承兑汇票 3

出票日期 贰零壹柒年壹拾贰月零捌日

付款人	全 称	齐鲁有限公司		收款人	全 称	济泰股份有限公司	
	账 号	235890000			账 号	95599007776668889901	
	开户银行	工商行岱岳办事处	行号		开户银行	农业泰山区支行	行号

出票金额	人民币（大写）叁拾伍万壹仟元整	百	十	万	千	百	十	元	角	分
		¥	3	5	1	0	0	0	0	0

出票到期日	贰零壹捌年零叁月零捌日	付款人开户行	行号	
承兑协议编号	13134		地址	山东泰安

本汇票请你行承兑，到期无条件支付款项。 齐鲁有限公司 财务专用章 出票人签章	本汇票已经承兑，到期日由本行付款。 承兑行签章 中国工商银行股份有限公司 岱岳办事处 业务办讫章 承兑日期 2017年12月8日 备注：	科目（借） 对方科目（贷） 转账 年 月 日 复核 记账

由收款人开户银行收取票款时随报单寄给承兑行，承兑行作付出传票附件

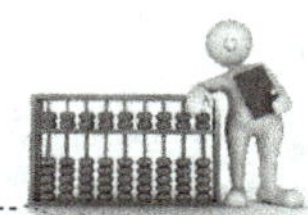

（7）2017 年 12 月 8 日，委托开户银行托收的义力市绿化公司货款已收回入账，见凭证 2-45。

凭证 2-45

中国农业银行托收承付凭证(收账通知)4

第 11 号

委托日期 2017 年 12 月 6 日　　托收号码:1116

承付期限
到期 2017 年 12 月 8 日

收款人	全称	济泰股份有限公司	付款人	全称	义力市绿化公司
	账号	95599007776668889990 1		账号	855990077766688899908
	开户银行	中国农业银行泰山区支行		开户银行	工商行义力市支行

委托金额	人民币(大写)叁拾伍万壹仟元整	千	百	十	万	千	百	十	元	角	分
			¥	3	5	1	0	0	0	0	0

款项内容	货款	委托收款凭证名称	销售发票	附寄单证张数	1
货物发运情况	已发运			合同号	12128

备注:	本托收款项已由付款人开户行全额划回并收入你账户内。 (收款人开户银行盖章) 2017 年 12 月 8 日	科目____ 对方科目____ 转账　年　月　日 单位主管　会计　记账　复核

印章：中国农业银行股份有限公司 泰安泰山区支行 业务办讫章

此联收款人开户银行在款项收托后给收款单位的收账通知

（8）2017 年 12 月 8 日，持有的齐鲁有限公司的一张银行承兑汇票即将到期，委托开户行办理托收。相关资料见凭证 2-46 ~ 凭证 2-48。

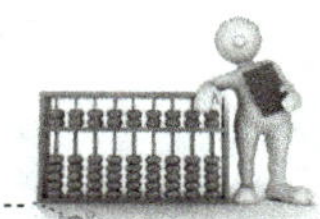

凭证 2-46

委托收款　凭证(回单)1

委电　　　　委托日期 2017 年 12 月 8 日

收款人	全称	济泰股份有限公司	付款人	全称	齐鲁有限公司
	账号	955990077766688899901		账号	235890000
	开户银行	中国农业银行泰山区支行		开户银行	工商行岱岳办事处

委托金额	人民币(大写)壹拾壹万柒仟元整				千	百	十	万	千	百	十	元	角	分
						¥	1	1	7	0	0	0	0	0

款项内容	银行承兑汇票款	委托收款凭证名称	银行承兑汇票	附寄单证张数	2

备注:	付款人注意: 1. 应于见票的当日通知开户银行划款 2. 如需拒付,应在规定期限内,将拒付理由书并附债务证明退交开户银行

中国农业银行股份有限公司 泰安泰山区支行 业务办讫章

单位主管　　　会计　　　复核　　　记账　　　付款人开户行收到日期　年　月　日

支付日期　年　月　日

此联为付款人开户行交给收款人的回单

凭证 2-47（汇票正面）

银行承兑汇票　2

出票日期 贰零壹柒年壹拾贰月零玖日

付款人	全称	齐鲁有限公司			收款人	全称	济泰股份有限公司		
	账号	235890000				账号	955990077766688899901		
	开户银行	工商行岱岳办事处	行号			开户银行	农业泰山区支行	行号	

出票金额	人民币(大写)壹拾壹万柒仟元整	百	十	万	千	百	十	元	角	分
		¥	1	1	7	0	0	0	0	0

出票到期日	贰零壹柒年壹拾贰月零玖日	付款人开户行	行号	
承兑协议编号	13124		地址	山东泰安

本汇票请你行承兑,到期无条件支付款项 齐鲁有限公司 财务专用章 出票人签章	本汇票已经承兑,到期日由本行付款。 承兑行签章 中国工商银行股份有限公司 岱岳办事处 业务办讫章 承兑日期　2017 年 12 月 9 日 备注:	科目(借) 对方科目(贷) 转账　　年　月　日 复核　　记账

由收款人开户行向承兑银行收取票款时作联行往来账付出传票

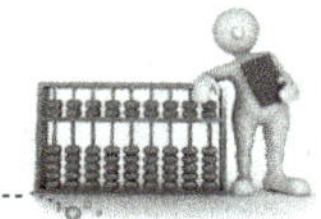

凭证 2-48（汇票正面）

银行承兑汇票　3

出票日期　贰零壹柒年壹拾贰月零玖日

付款人	全　称	齐鲁有限公司		收款人	全　称	济泰股份有限公司	
	账　号	235890000			账　号	95599007776668889901	
	开户银行	工商行岱岳办事处	行号		开户银行	农业泰山区支行	行号

出票金额	人民币（大写）壹拾壹万柒仟元整	百	十	万	千	百	十	元	角	分
		¥	1	1	7	0	0	0	0	0

出票到期日	贰零壹柒年壹拾贰月零玖日	付款人开户行	行号	
承兑协议编号	13124		地址	山东泰安

本汇票请你行承兑，到期无条件支付款项。 齐鲁有限公司 财务专用章 出票人签章	本汇票已经承兑，到期日由本行付款。 中国工商银行股份有限公司 岱岳办事处 业务办讫章 承兑行签章 承兑日期 2017年12月9日 备注:	科目（借） 对方科目（贷） 转账　　年　月　日 复核　　记账

由收款人开户银行收取票款时随报单寄给承兑行，承兑行作付出传票附件

凭证 2-48（汇票背面）

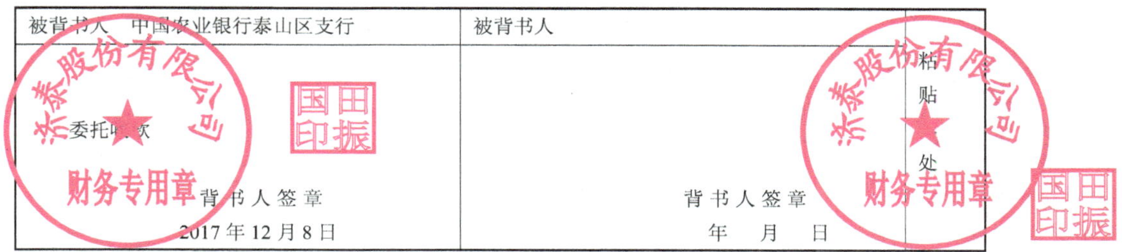

被背书人　中国农业银行泰山区支行	被背书人	
委托收款 济泰股份有限公司 财务专用章　国田印振 背书人签章 2017年12月8日	背书人签章 年　月　日	粘贴处 济泰股份有限公司 财务专用章　国田印振

（9）2017年12月8日，持有的广东东莞建筑公司的一张期限4个月无息商业承兑汇票即将到期，委托开户行办理托收。相关资料见凭证2-49和凭证2-50。

凭证 2-49

委托收款　凭证(回单)1

委电　　　委托日期 2017 年 12 月 8 日

<table>
<tr><td rowspan="3">收款人</td><td>全　称</td><td>济泰股份有限公司</td><td rowspan="3">付款人</td><td>全　称</td><td colspan="11">广东东莞建筑公司</td></tr>
<tr><td>账　号</td><td>955990077766688899901</td><td>账　号</td><td colspan="11">755990077766688899904</td></tr>
<tr><td>开户银行</td><td>中国农业银行泰山区支行</td><td>开户银行</td><td colspan="11">中行东莞支行</td></tr>
<tr><td colspan="2" rowspan="2">委托金额</td><td colspan="3" rowspan="2">人民币(大写)贰拾叁万肆仟元整</td><td>千</td><td>百</td><td>十</td><td>万</td><td>千</td><td>百</td><td>十</td><td>元</td><td>角</td><td>分</td><td></td></tr>
<tr><td></td><td>¥</td><td>2</td><td>3</td><td>4</td><td>0</td><td>0</td><td>0</td><td>0</td><td>0</td><td></td></tr>
<tr><td colspan="2">款项内容</td><td>银行承兑汇票款</td><td>委托收款凭证名称</td><td>商业承兑汇票</td><td colspan="2">附寄单证张数</td><td colspan="9">1</td></tr>
<tr><td colspan="2">备注:</td><td colspan="14">付款人注意:
1. 应于见票的当日通知开户银行划款
2. 如需拒付,应在规定期限内,将拒付理由书并附债务证明退交开户银行</td></tr>
</table>

此联为付款人开户行交给收款人的回单

（印章：中国农业银行股份有限公司 泰安泰山区支行 业务办讫章）

单位主管　　会计　　复核　　记账　　付款人开户行收到日期　　年　月　日

支付日期　　年　月　日

凭证 2-50（汇票背面）

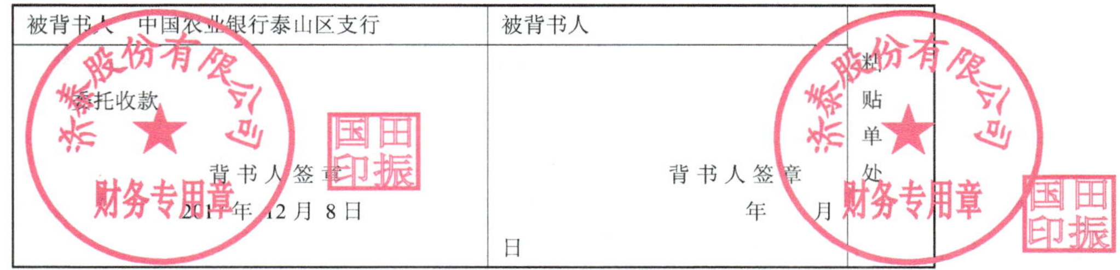

被背书人　中国农业银行泰山区支行	被背书人	粘贴单处
委托收款 背书人签章 2017 年 12 月 8 日	背书人签章 年　月　日	

（印章：济泰股份有限公司 财务专用章；国田印振）

凭证 2-50（汇票正面）

商业承兑汇票　2

出票日期　贰零壹柒年壹拾贰月零捌日

付款人	全称	广东东莞建筑公司		收款人	全称	济泰股份有限公司	
	账号	755990077766688899904			账号	955990077766688899901	
	开户银行	中行东莞支行	行号		开户银行	农业泰山区支行	行号
出票金额		人民币（大写）贰拾叁万肆仟元整		百 十 万 千 百 十 元 角 分		¥ 2 3 4 0 0 0 0 0	
出票到期日		贰零壹柒年壹拾贰月零玖日		付款人开户行	行号		
交易合同号		02001			地址	广东东莞	
本汇票已经承兑，到期无条件支付款项。 广东东莞建筑公司 财务专用章 承兑人签章 承兑日期　2017年12月8日				此致本汇票请予以承兑于到期日付款。 广东东莞建筑公司 财务专用章 出票人签章			

此联持票人开户行随托收凭证寄付款人开户行作借款凭证附件

（10）2017年12月9日，收到齐鲁有限公司银行承兑汇票款。相关资料见凭证2-51。

凭证 2-51

委托收款　凭证（收账通知）4

委电　　委托日期　2017年12月8日

收款人	全称	济泰股份有限公司	付款人	全称	齐鲁有限公司
	账号	955990077766688899901		账号	235890000
	开户银行	中国农业银行泰山区支行		开户银行	工商行岱岳办事处
委托金额		人民币（大写）壹拾壹万柒仟元整		千 百 十 万 千 百 十 元 角 分	¥ 1 1 7 0 0 0 0 0
款项内容	银行承兑汇票款	委托收款凭证名称	银行承兑汇票	附寄单证张数	2
备注： 中国农业银行股份有限公司 泰安泰山区支行 业务办讫章	付款人注意： 1. 应于见票的当日通知开户银行划款 2. 如需拒付，应在规定期限内，将拒付理由书并附债务证明退交开户银行 中国工商银行股份有限公司 岱岳办事处 业务办讫章				

此联收款人开户银行在款项收托后给收款单位的收账通知

单位主管　　会计　　复核　　记账　　付款人开户行收到日期2017年12月8日

支付日期2017年12月9日

(11) 2017 年 12 月 10 日，收到广东东莞建筑公司到期的商业承兑汇票款，相关资料见凭证 2-52。

凭证 2-52

委托收款 凭证(收账通知)4

委电 委托日期 2017 年 12 月 8 日

收款人	全称	济泰股份有限公司	付款人	全称	广东东莞建筑公司
	账号	955990077766688899901		账号	755990077766688899904
	开户银行	中国农业银行泰山区支行		开户银行	中行东莞支行
委托金额	人民币(大写)贰拾叁万肆仟元整			千百十万千百十元角分	¥23400000
款项内容	银行承兑汇票款	委托收款凭证名称	商业承兑汇票	附寄单证张数	1
备注：无动存款	付款人注意： 1. 应于见票的当日通知开户银行划款 2. 如需拒付，应在规定期限内，将拒付理由书并附债务证明退交开户银行				

此联收款人开户银行在款项收托后给收款单位的收账通知

中国农业银行股份有限公司 泰安泰山区支行 业务办讫章

中国银行股份有限公司 东莞支行 业务办讫章

单位主管 会计 复核 记账 付款人开户行收到日期 2017 年 12 月 9 日

支付日期 2017 年 12 月 9 日

(12) 2017 年 12 月 10 日，经批准应收济宁建筑公司的款项，作坏账核销处理。见凭证 2-53。

凭证 2-53

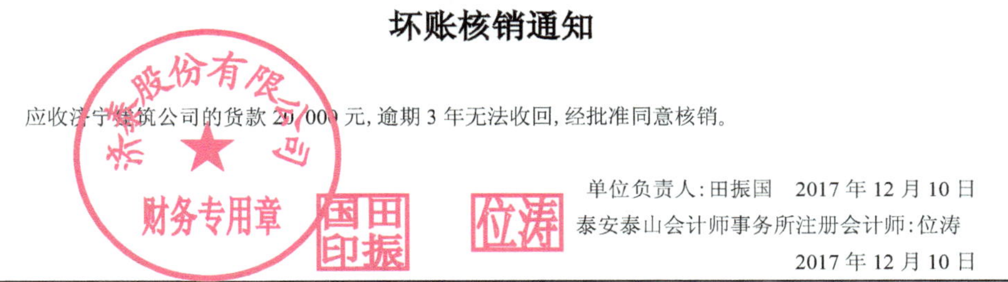

坏账核销通知

应收济宁建筑公司的货款 20,000 元，逾期 3 年无法收回，经批准同意核销。

单位负责人：田振国 2017 年 12 月 10 日

泰安泰山会计师事务所注册会计师：位涛

2017 年 12 月 10 日

济泰股份有限公司 财务专用章 田振国印 位涛

（13）2017 年 12 月 10 日，已核销的义力市绿化公司的应收账款 50 000 元，又收回。资料见凭证 2-54。

凭证 2-54

中国工商银行电汇凭证(收账通知)4

<table>
<tr><td rowspan="3">汇款人</td><td>全　　称</td><td colspan="3">义力市绿化公司</td><td rowspan="3">收款人</td><td>全　　称</td><td colspan="3">济泰股份有限公司</td></tr>
<tr><td>账　　号</td><td colspan="3">8559900777666888899908</td><td>账　　号</td><td colspan="3">9559900777666888899901</td></tr>
<tr><td>汇出地点</td><td>义力市</td><td>汇出行名称</td><td>工商行义力市支行</td><td>汇入地点</td><td>泰安市</td><td>汇入行名称</td><td>农行泰山区支行</td></tr>
</table>

金额(大写)人民币伍万元整	千	百	十	万	千	百	十	元	角	分
			¥	5	0	0	0	0	0	0

汇出行盖章	支付密码
中国工商银行股份有限公司 工商行义力市支行 业务办讫章	附加信息及用途　偿付前欠货款 复核　　记账

此联是汇入行给收款人的收账通知

（14）2017 年 12 月 10 日，预付莱芜钢铁有限公司货款 421 000 元，以电汇方式支付，见凭证 2-55 和凭证 2-56。

凭证 2-55

预付款项申请单

2017 年 12 月 10 日

<table>
<tr><td>申请金额:421 000元</td><td>批准金额:421 000元</td><td>预付方式:电汇</td></tr>
<tr><td>收款单位:莱芜钢铁有限公司</td><td>收款单位开户行:建行莱城区支行</td><td>账号:6559900777666888899911</td></tr>
<tr><td colspan="3">预付内容:
购圆钢 80 吨
合同(协议)总金额:___421 200___元　　已预付款:___0___元
附合同___1___份,书面协议______份,合同号___02021___。</td></tr>
<tr><td colspan="3">预计到货或工程完工时间:2017 年 12 月 12 日</td></tr>
<tr><td colspan="3">批准人:田振国　　总会计师:贾仁</td></tr>
<tr><td colspan="3">执行情况</td></tr>
</table>

单位主管:田振国　　申请人:文海　　会计主管:王倩　　财务经办:海明

①存根联附传票

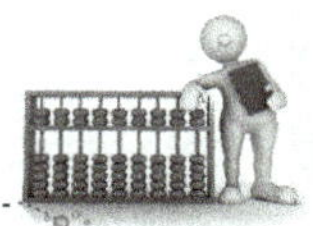

凭证 2-56

中国农业银行电汇凭证(回单)

委托日期 2017 年 12 月 10 日　　　　第 005 号

<table>
<tr><td rowspan="3">汇款人</td><td>全　称</td><td colspan="3">济泰股份有限公司</td><td rowspan="3">收款人</td><td>全　称</td><td colspan="3">莱芜钢铁有限公司</td></tr>
<tr><td>账　号</td><td colspan="3">95599007776668889901</td><td>账　号</td><td colspan="3">65599007776668899911</td></tr>
<tr><td>汇出地点</td><td>泰安</td><td>汇出行名称</td><td>农行泰山区支行</td><td>汇入地点</td><td>莱芜</td><td>汇入行名称</td><td>建行莱城区支行</td></tr>
</table>

金额(大写)人民币肆拾贰万壹仟贰佰元整	千	百	十	万	千	百	十	元	角	分
		¥	4	2	1	2	0	0	0	0

汇出行盖章	支付密码
中国农业银行股份有限公司 泰安泰山区支行 业务办讫章	附加信息及用途　预付货款 复核　记账

此联是汇出银行交给汇款单位的回单

(15) 2017 年 12 月 10 日，开出转账支票，预付泰安万达 2018 年度办公楼租金 240 000 元，见凭证 2-57 和凭证 2-58。

凭证 2-57

预付款项申请单

2017 年 12 月 10 日

申请金额:240 000 元	批准金额:240 000 元	预付方式:支票
收款单位:泰安万达	收款单位开户行:泰山商业银行	账号:95599007776668899111
预付内容: 预付房租 合同(协议)总金额:240 000 元　　已预付款:0 元 附合同 1 份,书面协议____份,合同号 08021。		
预计到货或工程完工时间:　年　月　日		
批准人:田振国　　总会计师:贾仁		
执行情况		

单位主管:田振国　　申请人:田文　　会计主管:王倩　　财务经办:海明

①存根联附传票

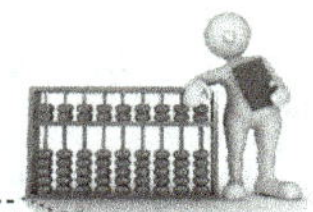

凭证 2-58

中国农业银行**转账支票存根**

支票号码 NO. 02172609

科　　目

对方科目

出票日期 2017 年 12 月 10 日

收款人：泰安万达
金　额：¥240 000
用　途：预付租金

单位主管　王倩　　　　会计　田明

（16）2017 年 12 月 10 日，收到济南晨星公司的 2017 年 11 月 28 号购挖掘机的货款，资料见凭证 2-59 和凭证 2-60。

凭证 2-59（复印件）

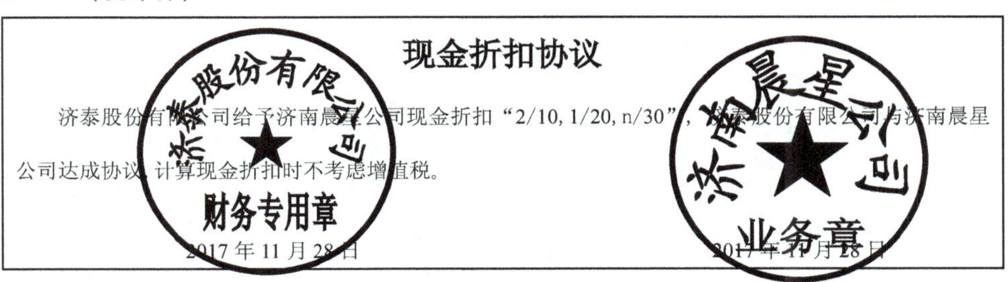

现金折扣协议

济泰股份有限公司给予济南晨星公司现金折扣“2/10, 1/20, n/30”，济泰股份有限公司与济南晨星公司达成协议，计算现金折扣时不考虑增值税。

2017 年 11 月 28 日　　　　2017 年 11 月 28 日

凭证 2-60

中国农业银行进账单(加单或收账通知)

2017 年 12 月 10 日　　　　第 005 号

收款人	全　称	济泰股份有限公司	付款人	全　称	济南晨星公司
	账　号	95599007776668889901		账　号	75599007776668899909
	开户银行	中国农业银行泰山区支行		开户银行	工商行济南分行天桥办事处

人民币(大写)贰拾叁万贰仟元整	千	百	十	万	千	百	十	元	角	分
		¥	2	3	2	0	0	0	0	0

票据种类	电汇	收款人开户行盖章
票据张数	1	
单位主管　会计　复核　记账		

（印章：中国农业银行股份有限公司泰安山区支行 业务办讫章）

此联是收款人开户行交给收款人回单或收账通知

实验设计

（1）实验类型：单项实验。

（2）实验时间：6 课时。

（3）实验材料：收款凭证 7 张，付款凭证 2 张，转账凭证 12 张，总账 8 户，三栏式明细账 10 户，多栏式明细账 2 户，增值税明细账 1 户，现金日记账 1 户，银行存款日记账 1 户。

实验程序

（1）依据第一章建账资料建账（若前面实验已全部建账，此实验不用再重复建账）。

（2）审核原始凭证，并依据审核无误的原始凭证编制记账凭证。

（3）登记相应明细账、日记账。

（4）编制科目汇总表登记总账（也可以月末编制一次科目汇总表，然后登记总账）。

实验三　存货项目实验

实验目的

通过存货项目实验，使学生：

（1）掌握有关存货核算的程序、会计凭证的填制、审核方法和手续。

（2）掌握有关存货核算的相关会计政策、内部控制。

（3）掌握存货（材料）收入、发出、结存的计价方法，掌握材料实际成本计价和计划成本计价的核算方法。

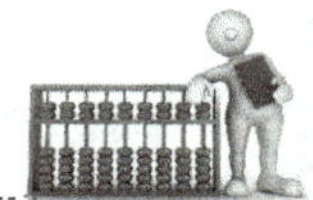

（4）熟练掌握存货核算所需账户的设置、登记以及相关交易或事项的会计处理。

即要求学生能够掌握：

（1）原料及主要材料采用计划成本核算，发出材料应负担的材料成本差异按上月材料成本差异率结转。

（2）周转材料采用实际成本核算，发出材料采用先进先出法结转成本，并采用一次摊销法核算。

（3）材料收、发业务逐笔进行核算，编制记账凭证，登记明细账、日记账。

实验资料

济泰股份有限公司是增值税一般纳税人，适用增值税税率 17%；运输费的增值税税率 11%。济泰股份有限公司原材料采用计划成本核算，原材料外的其他存货采用实际成本核算。2017 年 12 月存货相关核算资料如下：

（1）据月初资料（建账资料）计算方钢、线型钢和圆钢的上月材料成本差异率，发出材料应负担的材料成本差异在发出材料时按上月材料成本差异率计算结转。

（2）2017 年 12 月 10 日，从济南钢铁有限公司购入方钢 20 吨，贷款以银行存款进行结算，运输费用未付，相关资料见凭证 2-61 ~ 凭证 2-66。

凭证 2-61

山东省增值税专用发票
发　票　联

开票日期: 2017 年 12 月 10 日　　　　No 1063477

购货单位	名　称: 济泰股份有限公司 纳税人登记号: 370900000000898 地 址、电话: 泰安市青春创业园创业路 108 号 开户行及账号: 中国农业银行泰山区支行　账号: 9559900777666888899901	密码区	（略）

商品或劳务名称	计量单位	数量	单价	金额 千	百	十	万	千	百	十	元	角	分	税率%	税额 千	百	十	万	千	百	十	元	角	分
方钢	吨	20	5 000			1	0	0	0	0	0	0	0	17				1	7	0	0	0	0	0
合　计					¥	1	0	0	0	0	0	0	0	17			¥	1	7	0	0	0	0	0

价税合计(大写)	壹拾壹万柒仟元整	¥117 000.00
销货单位	名　称: 济南钢铁有限公司 纳税人登记号: 370110000000798 地 址、电 话: 济南市工业路5577号 开户行及账号: 中国建设银行工业路支行8559900777666888899907	备注 （印章：济南钢铁有限公司 370910000000798 发票专业章）

第二联　抵扣联

开票人: 李予　　收款人: 刘梅　　复核: 李红　　销货单位(章)

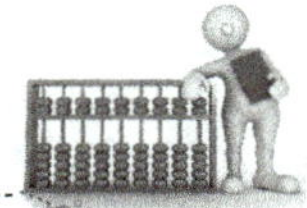

凭证 2-62

山东省增值税专用发票

发票联

开票日期: 2017年12月10日　　　　No 1063477

购货单位	名称:济泰股份有限公司 纳税人登记号:370900000000898 地址、电话:泰安市青春创业园创业路108号 开户行及账号:中国农业银行泰山区支行　账号:9559900777666888899901	密码区	(略)

商品或劳务名称	计量单位	数量	单价	金额 千	百	十	万	千	百	十	元	角	分	税率%	税额 千	百	十	万	千	百	十	元	角	分
方钢	吨	20	5 000			1	0	0	0	0	0	0	0	17				1	7	0	0	0	0	0
合计					¥	1	0	0	0	0	0	0	0	17			¥	1	7	0	0	0	0	0
价税合计(大写)	壹拾壹万柒仟元整																¥117 000.00							

销货单位	名称:济南钢铁有限公司 纳税人登记号:370110000000798 地址、电话:济南市工业路5577号 开户行及账号:中国建设银行工业路支行8559900777666888899907	备注	济南钢铁有限公司 370910000000798 发票专业章

开票人:李予　　收款人:刘梅　　复核:李红　　销货单位(章)

第三联　发票联

凭证 2-63

山东省增值税专用发票

发票联

开票日期: 2017年12月10日　　　　No 2063472

购货单位	名称:济泰股份有限公司 纳税人登记号:370900000000898 地址、电话:泰安市青春创业园创业路108号 开户行及账号:中国农业银行泰山区支行　账号:9559900777666888899901	密码区	(略)

商品或劳务名称	计量单位	数量	单价	金额 千	百	十	万	千	百	十	元	角	分	税率%	税额 千	百	十	万	千	百	十	元	角	分
货物运输	吨	20	500				1	0	0	0	0	0	0	11					1	1	0	0	0	0
合计						¥	1	0	0	0	0	0	0	11				¥	1	1	0	0	0	0
价税合计(大写)	壹万壹仟壹佰元整																¥11 100.00							

销货单位	名称:济南火车站 纳税人登记号:370900000000112 地址、电话:山东省济南市车站街100号 开户行及账号:中国农业银行天桥区支行9559900888111888899901	备注	济南火车站 370900000000112 发票专业章

开票人:丁一　　收款人:李浩　　复核:张宇　　销货单位(章)

第二联　抵扣联

凭证 2-64

山东省增值税专用发票
发票联

开票日期 2017年12月10日　　　　　　№ 2063472

购货单位			
购货单位	名　　称：济泰股份有限公司 纳税人登记号：370900000000898 地 址、电 话：泰安市青春创业园创业路108号 开户行及账号：中国农业银行泰山区支行　账号：9559900777666888899901	密码区	（略）

商品或劳务名称	计量单位	数量	单价	金额 千	百	十	万	千	百	十	元	角	分	税率%	税额 千	百	十	万	千	百	十	元	角	分
货物运输	吨	20	500				1	0	0	0	0	0	0	11					1	0	0	0	0	0
合　计						¥	1	0	0	0	0	0	0	11				¥	1	0	0	0	0	0
价税合计（大写）	壹万壹仟壹佰元整													¥11 100.00										

销货单位			
销货单位	名　　称：济南火车站 纳税人登记号：370900000000112 地 址、电 话：山东省济南市车站街100号 开户行及账号：中国农业银行天桥区支行9559900888111888899901	备注	济南火车站 370900000000112 发票专用章

开票人：丁一　　收款人：李浩　　复核：张宇　　销货单位（章）

第三联 发票联

凭证 2-65

中国农业银行电汇凭证（回单）

委托日期 2017年12月10日　　　　第006号

汇款人	全　称	济泰股份有限公司			收款人	全　称	济南钢铁有限公司		
	账　号	9559900777666888899901				账　号	8559900777666888899907		
	汇出地点	泰安	汇出行名称	农行泰山区支行		汇入地点	济南	汇入行名称	建行工业路支行

金额（大写）人民币壹拾壹万柒仟元整	千	百	十	万	千	百	十	元	角	分
		¥	1	1	7	0	0	0	0	0

汇出行盖章	支付密码
中国农业银行股份有限公司 泰安泰山区支行 业务办讫章	附加信息及用途　支付货款 复核　　记账

此联是汇出银行交给汇款单位的回单

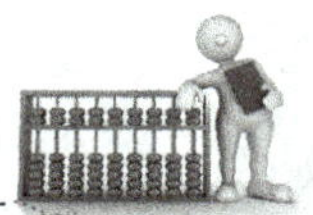

凭证 2-66

收料单

2017 年 12 月 10 日　　　　　字 第 001 号

供应单位：济南钢铁有限公司　　　　　材料类别：原料及主要材料

材料编号	名称	规格	计量单位	数量		实际成本					计划成本	
				应收	实收	买价		运杂费	其他	合计	单位成本	金额
						单价	金额					
001	方钢		吨	20	20	5 000. 00	100 000. 00	10 000. 00		110 000. 00	5 000. 00	100 000. 00
差异						超支差　10 000 元						

记账联

仓库负责人：李一　　记账：田明　　仓库保管员：王刚　　收料：田凯

（3）2017 年 12 月 10 日，从徐州钢铁有限公司购入线型钢 50 吨，签发并承兑一张 3 个月期限的商业承兑汇票交给销货方，运输费用未付，相关资料见凭证 2-67 ~ 凭证 2-73。

凭证 2-67

江苏省增值税专用发票

发票联

开票日期：2017 年 12 月 10 日　　　　No 2063471

购货单位	名　称：济泰股份有限公司 纳税人登记号：370900000000898 地 址、电 话：泰安市青春创业园创业路108号 开户行及账号：中国农业银行泰山区支行　账号：9559900777666888 99901	密码区	（略）

商品或劳务名称	计量单位	数量	单价	金额	税率%	税额
线型钢	吨	50	6 000	300 000 00	17	51 000 00
合　计				¥300 000 00	17	¥51 000 00
价税合计（大写）	叁拾伍万壹仟元整					¥351 000.00

销货单位	名　称：徐州钢铁有限公司 纳税人登记号：470310000000798 地 址、电 话：徐州市工业路5577号 开户行及账号：中国建设银行工业路支行7559900777666888 99908	备注	徐州钢铁有限公司 470310000000798 发票专业章

第二联　抵扣联

开票人：陆予　　收款人：刘梅　　复核：韩红　　销货单位（章）

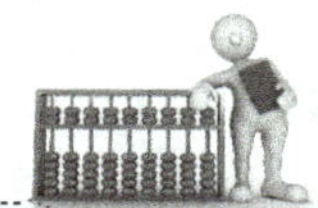

凭证 2–68

江苏省增值税专用发票

发 票 联

开票日期:2017年12月10日　　　　No 2063471

购货单位	名　称:济泰股份有限公司 纳税人登记号:370900000000898 地 址、电 话:泰安市青春创业园创业路108号 开户行及账号:中国农业银行泰山区支行　账号:955990077766688899901	密码区	(略)

商品或劳务名称	计量单位	数量	单价	金额 千	百	十	万	千	百	十	元	角	分	税率%	税额 千	百	十	万	千	百	十	元	角	分
线型钢	吨	50	6 000			3	0	0	0	0	0	0	0	17				5	1	0	0	0	0	0
合　计					¥	3	0	0	0	0	0	0	0	17			¥	5	1	0	0	0	0	0
价税合计(大写)	叁拾伍万壹仟元整																			¥351 000.00				

销货单位	名　称:徐州钢铁有限公司 纳税人登记号:470310000000798 地 址、电 话:徐州市工业路5577号 开户行及账号:中国建设银行工业路支行755990077766688899908	备注	徐州钢铁有限公司 470310000000798 发票专业章

开票人:陆予　　收款人:刘梅　　复核:韩红　　销货单位(章)

第三联 发票联

凭证 2–69

山东省增值税专用发票

发 票 联

开票日期:2017年12月10日　　　　No 2063472

购货单位	名　称:济泰股份有限公司 纳税人登记号:370900000000898 地 址、电 话:泰安市青春创业园创业路108号 开户行及账号:中国农业银行泰山区支行　账号:955990077766688899901	密码区	(略)

商品或劳务名称	计量单位	数量	单价	金额 千	百	十	万	千	百	十	元	角	分	税率%	税额 千	百	十	万	千	百	十	元	角	分
货物运输	吨	50	200				1	0	0	0	0	0	0	11					1	1	0	0	0	0
合　计						¥	1	0	0	0	0	0	0	11				¥	1	1	0	0	0	0
价税合计(大写)	壹万壹仟壹佰元整																			¥11 100.00				

销货单位	名　称:徐州火车站 纳税人登记号:350900000000111 地 址、电 话:江苏省徐州市车站街20号 开户行及账号:中国农业银行徐州支行933990088811188899901	备注	徐州火车站 350900000000111 发票专业章

开票人:田华　　收款人:李育　　复核:王帆　　销货单位(章)

第二联 抵扣联

凭证 2-70

山东省增值税专用发票

发票联

开票日期:2017年12月10日　　No 2063472

购货单位	名称:济泰股份有限公司 纳税人登记号:370900000000898 地址、电话:泰安市青春创业园创业路108号 开户行及账号:中国农业银行泰山区支行　账号:9559900777666888899901	密码区	(略)

商品或劳务名称	计量单位	数量	单价	金额	税率%	税额
货物运输	吨	50	200	1000000	11	110000
合计				¥1000000	11	¥110000
价税合计(大写)	壹万壹仟壹佰元整			¥11 100.00		

销货单位	名称:徐州火车站 纳税人登记号:350900000000111 地址、电话:江苏省徐州市车站街20号 开户行及账号:中国农业银行徐州支行9339900888111188899901	备注	

开票人:田华　收款人:李育　复核:王帆　销货单位(章)

第三联 发票联

凭证 2-71

商业承兑汇票（卡片） 1

出票日期（大写）　贰零壹柒年壹拾贰月壹拾日　　汇票号码 第　号

出票人全称	济泰股份有限公司			收款人	全称	徐州钢铁有限公司		
出票人账号	9559900777666888899901				账号	7559900777666888899908		
付款行全称	农业泰山区支行	行号			开户银行	建行工业路支行	行号	
汇票金额	人民币(大写)叁拾伍万壹仟元整					¥35100000（百十万千百十元角分）		
出票到期日	贰零壹捌年零叁月壹拾日			付款人开户行	行号			
交易合同号码	01015				地址	山东泰安		
出票人签章				备注:				

此联承兑人（付款人）留存

凭证 2-72

商业承兑汇票　3

出票日期　贰零壹柒年壹拾贰月壹拾日　　　汇票号码
（大写）　　　　　　　　　　　　　　　　第　　号

<table>
<tr><td>出票人全称</td><td colspan="3">济泰股份有限公司</td><td rowspan="3">收款人</td><td>全　称</td><td colspan="3">徐州钢铁有限公司</td></tr>
<tr><td>出票人账号</td><td colspan="3">95599007776668889901</td><td>账　号</td><td colspan="3">75599007776668889908</td></tr>
<tr><td>付款行全称</td><td>农业泰山区支行</td><td>行号</td><td></td><td>开户银行</td><td>建行工业路支行</td><td>行号</td><td></td></tr>
<tr><td>汇票金额</td><td colspan="4">人民币（大写）叁拾伍万壹仟元整</td><td colspan="4">百 十 万 千 百 十 元 角 分
¥ 3 5 1 0 0 0 0 0</td></tr>
<tr><td>出票到期日</td><td colspan="3">贰零壹捌年零叁月壹拾日</td><td rowspan="2" colspan="2">付款人开户行</td><td>行号</td><td colspan="2"></td></tr>
<tr><td>交易合同号码</td><td colspan="3">01015</td><td>地址</td><td colspan="2">山东泰安</td></tr>
<tr><td colspan="4">备注：</td><td colspan="5">负责人：王倩　　　　经办人：刘莉</td></tr>
</table>

此联签发人留存

（印章：济泰股份有限公司 财务专用章）

凭证 2-73

收料单

2017 年 12 月 10 日　　　　字 第 002 号

供应单位：徐州钢铁有限公司　　　　材料类别：原料及主要材料

<table>
<tr><td rowspan="3">材料编号</td><td rowspan="3">名称</td><td rowspan="3">规格</td><td rowspan="3">计量单位</td><td colspan="2">数量</td><td colspan="5">实际成本</td><td colspan="2">计划成本</td></tr>
<tr><td rowspan="2">应收</td><td rowspan="2">实收</td><td colspan="2">买价</td><td rowspan="2">运杂费</td><td rowspan="2">其他</td><td rowspan="2">合计</td><td rowspan="2">单位成本</td><td rowspan="2">金额</td></tr>
<tr><td>单价</td><td>金额</td></tr>
<tr><td>002</td><td>线型钢</td><td></td><td>吨</td><td>50</td><td>50</td><td>6 000.00</td><td>300 000.00</td><td>10 000.00</td><td></td><td>310 000.00</td><td>6 000.00</td><td>300 000.00</td></tr>
<tr><td colspan="5">差异</td><td colspan="8">超支差 10 000 元</td></tr>
</table>

记账联

仓库负责人：李一　　记账：田明　　仓库保管员：王刚　　收料：田凯

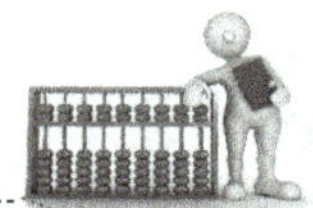

（4）2017 年 12 月 12 日，以预付款方式从莱芜钢铁有限公司购入圆钢 80 吨，前期预付款 421 000 元。相关资料见：凭证 2-74 ~ 凭证 2-80。

凭证 2-74（复印件）

中国农业银行电汇凭证(回单)

委托日期 2017 年 12 月 10 日　　　　第 005 号

汇款人	全　称	济泰股份有限公司		收款人	全　称	莱芜钢铁有限公司	
	账　号	95599007776668899901			账　号	65599007776668899911	
	汇出地点	泰安	汇出行名称 农行泰山区支行		汇入地点	莱芜	汇入行名称 建行莱城区支行

金额(大写)	千	百	十	万	千	百	十	元	角	分
人民币肆拾贰万壹仟贰百元整		¥	4	2	1	2	0	0	0	0

汇出行盖章	支付密码
（印章：中国农业银行股份有限公司 泰安泰山区支行 业务办讫章）	附加信息及用途　预付货款 复核　　记账

此联是汇出银行交给汇款单位的回单

凭证 2-75

山东省增值税专用发票
发票联

开票日期:2017 年 12 月 12 日　　　　No 3063472

购货单位	名　称:济泰股份有限公司 纳税人登记号:370900000000898 地 址、电 话:泰安市青春创业园创业路108号 开户行及账号:中国农业银行泰山区支行　账号:95599007776668899901	密码区　(略)

商品或劳务名称	计量单位	数量	单价	金额 千	百	十	万	千	百	十	元	角	分	税率%	税额 千	百	十	万	千	百	十	元	角	分
圆钢	吨	80	4500			3	6	0	0	0	0	0	0	17				6	1	2	0	0	0	0
合　计					¥	3	6	0	0	0	0	0	0	17			¥	6	1	2	0	0	0	0
价税合计(大写)	肆拾贰万壹仟贰佰元整																		¥421 200.00					

销货单位	名　称:莱芜钢铁有限公司 纳税人登记号:370810000000799 地 址、电 话:莱芜市工业路6677号 开户银行及账号:建行莱城区支行65599007776668899911	备注　（印章：莱芜钢铁有限公司 370810000000799 发票专业章）

开票人:李营　　收款人:刘海　　复核:李欠　　销货单位(章)

第二联 抵扣联

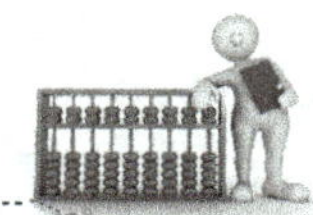

凭证 2-76

山东省增值税专用发票

发　票　联

开票日期:2017 年 12 月 12 日　　　　No 3063472

购货单位	名　　称:济泰股份有限公司 纳税人登记号:370900000000898 地 址、电 话:泰安市青春创业园创业路108号 开户行及账号:中国农业银行泰山区支行　账号:95599007776668889901	密码区	(略)

商品或劳务名称	计量单位	数量	单价	金额 千	百	十	万	千	百	十	元	角	分	税率%	税额 千	百	十	万	千	百	十	元	角	分
圆钢	吨	80	4 500			3	6	0	0	0	0	0	0	17				6	1	2	0	0	0	0
合　计					¥	3	6	0	0	0	0	0	0	17			¥	6	1	2	0	0	0	0

价税合计(大写)	肆拾贰万壹仟贰佰元整　　¥421 200.00

销货单位	名　　称:莱芜钢铁有限公司 纳税人登记号:370810000000799 地 址、电 话:莱芜市工业路6677号 开户行及账号:建行莱城区支行65599007776668889911	备注	莱芜钢铁有限公司 370810000000799 发票专业章

开票人:李营　　收款人:刘海　　复核:李欠　　销货单位(章)

第三联 发票联

凭证 2-77

山东省增值税专用发票

发　票　联

开票日期:2017 年 12 月 10 日　　　　No 2063472

购货单位	名　　称:济泰股份有限公司 纳税人登记号:370900000000898 地 址、电 话:泰安市青春创业园创业路108号 开户行及账号:中国农业银行泰山区支行　账号:95599007776668899901	密码区	(略)

商品或劳务名称	计量单位	数量	单价	金额 千	百	十	万	千	百	十	元	角	分	税率%	税额 千	百	十	万	千	百	十	元	角	分
货物运输	吨	80	100					8	0	0	0	0	0	11						8	8	0	0	0
合　计							¥	8	0	0	0	0	0	11					¥	8	8	0	0	0

价税合计(大写)	捌仟捌佰捌拾元整　　¥8 880.00

销货单位	名　　称:莱芜汽车站 纳税人登记号:350600000000555 地 址、电 话:莱芜市钢城区车站街20号 开户行及账号:中国建设银行莱芜区支行933990077711188899907	备注	莱芜汽车站 350600000000555 发票专业章

开票人:李华　　收款人:陆凡　　复核:田平　　销货单位(章)

第二联 抵扣联

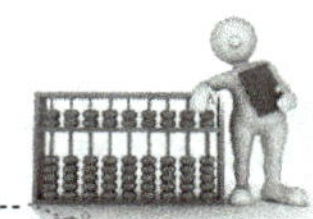

凭证 2-78

山东省增值税专用发票

发票联

开票日期:2017年12月10日　　No 2063472

购货单位	名称:济泰股份有限公司 纳税人登记号:370900000000898 地址、电话:泰安市青春创业园创业路108号 开户行及账号:中国农业银行泰山区支行　账号:9559900777666888999011	密码区	(略)

商品或劳务名称	计量单位	数量	单价	金额	税率%	税额
货物运输	吨	80	100	8 000.00	11	880.00
合计				¥8 000.00	11	¥880.00
价税合计(大写)	捌仟捌佰捌拾元整					¥8 880.00

销货单位	名称:莱芜汽车站 纳税人登记号:350600000000555 地址、电话:莱芜市钢城区车站街20号 开户行及账号:中国建设银行莱芜区支行933990077711188899907	备注	莱芜汽车站 350600000000555 发票专业章

开票人:李华　　收款人:陆凡　　复核:田平　　销货单位(章)

第三联 发票联

凭证 2-79

收料单

2017年12月12日　　字 第003号

供应单位: 莱芜钢铁有限公司　　材料类别:原料及主要材料

材料编号	名称	规格	计量单位	数量-应收	数量-实收	实际成本-买价-单价	实际成本-买价-金额	实际成本-运杂费	实际成本-其他	实际成本-合计	计划成本-单位成本	计划成本-金额
003	圆钢		吨	80	80	4 500.00	360 000.00	8 000.00		368 000.00	5 000.00	400 000.00
差异						节约差　32 000元						

仓库负责人:李一　　记账: 田明　　仓库保管员:王刚　　收料:田凯

记账联

凭证 2-80

中国农业银行电汇凭证(回单)

委托日期 2017年12月12日　　　　第 002 号

汇款人	全　称	济泰股份有限公司			收款人	全　称	莱芜汽车站		
	账　号	955990077766688899901				账　号	933990077711188899907		
	汇出地点	泰安	汇出行名称	农行泰山区支行		汇入地点	莱芜	汇入行名称	建行莱城区支行

人民币(大写)捌仟捌佰捌拾元整	千	百	十	万	千	百	十	元	角	分
				¥	8	8	8	0	0	0

汇出行盖章	支付密码
中国农业银行股份有限公司 泰安泰山区支行 业务办讫章	附加信息及用途　付圆钢运输费用
	复核　　记账

此联是汇出银行交给汇款单位的回单

(5) 2017年12月12日，从莱芜钢铁有限公司购入线型钢10吨，以2017年11月28日签发银行汇票进行结算，余款退回。相关资料见凭证2-81～凭证2-88。

凭证 2-81

山东省增值税专用发票

发票联

开票日期:2017年12月12日　　　　No 3063474

购货单位	名　称:济泰股份有限公司 纳税人登记号:370900000000898 地 址、电 话:泰安市青春创业园创业路108号 开户行及账号:中国农业银行泰山区支行　账号:955990077766688899901	密码区	(略)

商品或劳务名称	计量单位	数量	单价	金额千	百	十	万	千	百	十	元	角	分	税率%	税额千	百	十	万	千	百	十	元	角	分
线型钢	吨	10	5 500				5	5	0	0	0	0	0	17					9	3	5	0	0	0
合　计						¥	5	5	0	0	0	0	0	17				¥	9	3	5	0	0	0
价税合计(大写)	陆万肆仟叁佰伍拾元整																		¥64 350.00					

销货单位	名　称:莱芜钢铁有限公司 纳税人登记号:370810000000799 地 址、电 话:莱芜市工业路6677号 开户行及账号:建行莱城区支行655990077766688899911	备注	莱芜钢铁有限公司 370810000000799 发票专业章

开票人:李营　　收款人:刘海　　复核:李欠　　销货单位(章)

第二联 抵扣联

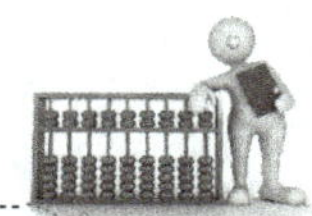

凭证 2-82

山 东 省 增 值 税 专 用 发 票
发 票 联

开票日期:2017年12月12日　　　　No 3063474

购货单位
- 名　　称:济泰股份有限公司
- 纳税人登记号:370900000000898
- 地 址、电 话:泰安市青春创业园创业路108号
- 开户行及账号:中国农业银行泰山区支行　　账号:95599007776668889901

密码区:(略)

商品或劳务名称	计量单位	数量	单价	金额 千	百	十	万	千	百	十	元	角	分	税率%	税额 千	百	十	万	千	百	十	元	角	分
线型钢	吨	10	5 500				5	5	0	0	0	0	0	17					9	3	5	0	0	0
合　计						¥	5	5	0	0	0	0	0	17				¥	9	3	5	0	0	0

价税合计(大写):陆万肆仟叁佰伍拾元整　　¥64 350.00

销货单位
- 名　　称:莱芜钢铁有限公司
- 纳税人登记号:370810000000799
- 地 址、电 话:莱芜市工业路6677号
- 开户行及账号:建行莱城区支行65599007776668889911

备注:莱芜钢铁有限公司 370810000000799 发票专业章

开票人:李营　　收款人:刘海　　复核:李欠　　销货单位(章)

第三联 发票联

凭证 2-83

山 东 省 增 值 税 专 用 发 票
发 票 联

开票日期:2017年12月12日　　　　No 2063499

购货单位
- 名　　称:济泰股份有限公司
- 纳税人登记号:370900000000898
- 地 址、电 话:泰安市青春创业园创业路108号
- 开户行及账号:中国农业银行泰山区支行　　账号:95599007776668889901

密码区:(略)

商品或劳务名称	计量单位	数量	单价	金额 千	百	十	万	千	百	十	元	角	分	税率%	税额 千	百	十	万	千	百	十	元	角	分
货物运输	吨	10	100					1	0	0	0	0	0	11						1	1	0	0	0
合　计							¥	1	0	0	0	0	0	11					¥	1	1	0	0	0

价税合计(大写):壹仟壹佰壹拾元整　　¥1 110.00

销货单位
- 名　　称:莱芜汽车站
- 纳税人登记号:350600000000555
- 地 址、电 话:莱芜市钢城区车站街20号
- 开户行及账号:中国建设银行莱芜区支行93399007771188899907

备注:莱芜汽车站 350600000000555 发票专业章

开票人:李华　　收款人:陆凡　　复核:田平　　销货单位(章)

第二联 抵扣联

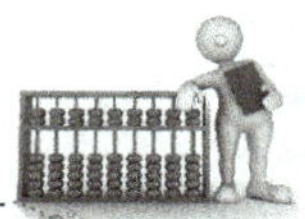

凭证 2-84

山东省增值税专用发票
发票联

开票日期:2017 年 12 月 12 日　　　　No 2063499

购货单位	名　　称:济泰股份有限公司 纳税人登记号:370900000000898 地 址、电 话:泰安市青春创业园创业路108号 开户行及账号:中国农业银行泰山区支行　账号:95599007776668889901	密码区	(略)

商品或劳务名称	计量单位	数量	单价	金额	税率%	税额
货物运输	吨	10	100	1 000 00	11	110 00
合　计				¥1 000 00	11	¥110 00
价税合计(大写)	壹仟壹佰壹拾元整					¥1 110.00

销货单位	名　　称:莱芜汽车站 纳税人登记号:350600000000555 地 址、电 话:莱芜市钢城区车站街20号 开户行及账号:中国建设银行莱芜区支行93399007771118889907	备注	莱芜汽车站 350600000000555 发票专业章

第三联 发票联

开票人:李华　　收款人:陆凡　　复核:田平　　销货单位(章)

凭证 2-85

收 料 单

2017 年 12 月 12 日　　　　字 第 004 号

供应单位: 莱芜钢铁有限公司　　　　材料类别:原料及主要材料

材料编号	名称	规格	计量单位	数量 应收	数量 实收	实际成本 买价 单价	实际成本 买价 金额	运杂费	其他	合计	计划成本 单位成本	计划成本 金额
002	线型钢		吨	10	10	5 500. 00	55 000. 00	1 000. 00		56 000. 00	6 000. 00	60 000. 00
差异						节约差4 000元						

记账联

仓库负责人:李一　　记账: 田明　　仓库保管员:王刚　　收料:田凯

凭证 2-86

中国农业银行
银行汇票　　2

付款期 一个月

出票日期
(大写)贰零壹柒年壹拾壹月贰拾捌日

兑付地点：泰安　兑付行：农行泰山区支行　行号：×

<table>
<tr><td colspan="10">收款人：莱芜钢铁有限公司　　　　账号或住址：655990077766688899911</td></tr>
<tr><td colspan="10">出票金额：人民币(大写)柒万元整</td></tr>
<tr><td rowspan="2">实际结算金额：人民币(大写)陆万伍仟肆佰陆拾元整</td><td>百</td><td>十</td><td>万</td><td>千</td><td>百</td><td>十</td><td>元</td><td>角</td><td>分</td></tr>
<tr><td></td><td>¥</td><td>6</td><td>5</td><td>4</td><td>6</td><td>0</td><td>0</td><td>0</td></tr>
</table>

申请人：济泰股份有限公司　　　账号：955990077766688899901

出票行：中国农业银行泰山区支行

备注：

凭票付款

出票行签章

（印章：中国农业银行股份有限公司 泰安泰山区支行 业务办讫章）

<table>
<tr><td colspan="8">密押：</td><td rowspan="4">复核
记账</td></tr>
<tr><td colspan="8">多余金额</td></tr>
<tr><td>百</td><td>十</td><td>万</td><td>千</td><td>百</td><td>十</td><td>元</td><td>角</td></tr>
<tr><td></td><td></td><td>¥</td><td>4</td><td>5</td><td>4</td><td>0</td><td>0</td></tr>
</table>

此联代理付款行付款后作联行往账借方凭证附件

凭证 2-87

中国农业银行**转账支票存根**

支票号码　NO. 02777809

科　　目＿＿＿＿＿＿

对方科目＿＿＿＿＿＿

出票日期 2017 年 12 月 10 日

收款人：莱芜汽车站
金　额：¥1 110
用　途：垫付济泰股份有限公司线型钢运费

单位主管　里瞧　　　会计　何勇

（印章：莱芜钢铁…… 财务……）

凭证 2-88

中国农业银行
银行汇票（多余款收帐通知）4

付款期
一个月

出票日期（大写）贰零壹柒年壹拾壹月贰拾捌日

兑付地点：泰安　兑付行：农行泰山区支行　行号：×

此联出票行结清多余款项后交申请人

收款人：莱芜钢铁有限公司	账号或住址：65599007776668899911								
出票金额 人民币（大写）柒万元整									
	百	十	万	千	百	十	元	角	分
实际结算金额 人民币（大写）陆万伍仟肆佰陆拾元整		¥	6	5	4	6	0	0	0

申请人：济泰股份有限公司　账号：95599007776668899901

出票行：中国农业银行泰山区支行

备注：

凭票付款

出票行签章 2017 年 11 月 28 日

（印章：中国农业银行股份有限公司 泰安泰山区支行 业务办讫章）

密押：								复核 记账
多余金额								
百	十	万	千	百	十	元	角	
		¥	4	5	4	0	0	

（6）2017 年 12 月 12 日，从莱芜钢铁有限公司购入方钢 25 吨，货款及运输费用均未付，相关资料见凭证 2-89～凭证 2-95。

凭证 2-89

山东省增值税专用发票
发　票　联

（印章：全国统一发票监制章 国家税务总局监制）

开票日期：2017 年 12 月 12 日　　No 3063475

购货单位	名　　称：济泰股份有限公司 纳税人登记号：370900000000898 地 址、电 话：泰安市青春创业园创业路108号 开户行及账号：中国农业银行泰山区支行　账号：95599007776668899901	密码区	（略）

商品或劳务名称	计量单位	数量	单价	金额 千	百	十	万	千	百	十	元	角	分	税率%	税额 千	百	十	万	千	百	十	元	角	分
方钢	吨	25	5 000			1	2	5	0	0	0	0	0	17				2	1	2	5	0	0	0
合　　计					¥	1	2	5	0	0	0	0	0	17			¥	2	1	2	5	0	0	0
价税合计（大写）	壹拾肆万陆仟贰佰伍拾元整																				¥146 250.00			

销货单位	名　　称：莱芜钢铁有限公司 纳税人登记号：370810000000799 地 址、电 话：莱芜市工业路6677号 开户行及账号：建行莱城区支行65599007776668899911	备注	（印章：莱芜钢铁有限公司 370810000000799 发票专业章）

第二联 抵扣联

开票人：李营　收款人：　复核：李欠　销货单位（章）

凭证 2-90

山东省增值税专用发票

发 票 联

开票日期:2017年12月12日　　　　No 3063475

购货单位	名称:济泰股份有限公司 纳税人登记号:370900000000898 地址、电话:泰安市青春创业园创业路108号 开户行及账号:中国农业银行泰山区支行　账号:955990077766688899901	密码区	(略)

商品或劳务名称	计量单位	数量	单价	金额 千	百	十	万	千	百	十	元	角	分	税率%	税额 千	百	十	万	千	百	十	元	角	分
方钢	吨	25	5 000			1	2	5	0	0	0	0	0	17				2	1	2	5	0	0	0
合计					¥	1	2	5	0	0	0	0	0	17			¥	2	1	2	5	0	0	0
价税合计(大写)	壹拾肆万陆仟贰佰伍拾元整																				¥146 250.00			

销货单位	名称:莱芜钢铁有限公司 纳税人登记号:370810000000799 地址、电话:莱芜市工业路6677号 开户行及账号:建行莱城区支行655990077766688899911	备注	

开票人:李营　　收款人:　　复核:李欠　　销货单位(章)

第三联 发票联

凭证 2-91

山东省增值税专用发票

发 票 联

开票日期:2017年12月12日　　　　No 2063472

购货单位	名称:济泰股份有限公司 纳税人登记号:370900000000898 地址、电话:泰安市青春创业园创业路108号 开户行及账号:中国农业银行泰山区支行　账号:955990077766688899901	密码区	(略)

商品或劳务名称	计量单位	数量	单价	金额 千	百	十	万	千	百	十	元	角	分	税率%	税额 千	百	十	万	千	百	十	元	角	分
货物运输	吨	25	100					2	5	0	0	0	0	11						2	7	5	0	0
合计							¥	2	5	0	0	0	0	11					¥	2	7	5	0	0
价税合计(大写)	贰仟柒佰柒拾伍元整														¥2 775.00									

销货单位	名称:莱芜汽车站 纳税人登记号:350600000000555 地址、电话:莱芜市钢城区车站街20号 开户行及账号:中国建设银行莱芜区支行933990077711188899907	备注	

开票人:李华　　收款人:陆凡　　复核:田平　　销货单位(章)

第二联 抵扣联

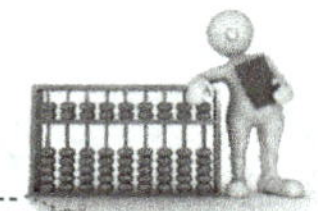

凭证 2-92

山东省增值税专用发票

发 票 联

开票日期:2017 年 12 月 12 日　　　　No 2063472

购货单位	名　　称:济泰股份有限公司 纳税人登记号:370900000000898 地 址、电 话:泰安市青春创业园创业路108号 开户行及账号:中国农业银行泰山区支行　账号:9559900777666888899901	密码区	(略)

商品或劳务名称	计量单位	数量	单价	金额 千	百	十	万	千	百	十	元	角	分	税率%	税额 千	百	十	万	千	百	十	元	角	分
货物运输	吨	25	100					2	5	0	0	0	0	11						2	7	5	0	0
合　计							¥	2	5	0	0	0	0	11					¥	2	7	5	0	0

价税合计(大写)	贰仟柒佰柒拾伍元整	¥2 775.00

销货单位	名　　称:莱芜汽车站 纳税人登记号:350600000000555 地 址、电 话:莱芜市钢城区车站街20号 开户行及账号:中国建设银行莱芜区支行933990077711188899907	备注	莱芜汽车站 350600000000555 发票专用章

第三联 发票联

凭证 2-93

收 料 单

2017 年 12 月 12 日　　　　字 第 005 号

供应单位:莱芜钢铁有限公司　　　　材料类别:原料及主要材料

材料编号	名称	规格	计量单位	数量 应收	数量 实收	实际成本 买价 单价	实际成本 买价 金额	运杂费	其他	合计	计划成本 单位成本	计划成本 金额
001	方钢		吨	25	24	5 000. 00	120 000. 00	2 400. 00		122 400. 00	5 000. 00	120 000. 00
差异						超支差2 400元						

仓库负责人:李一　记账:田明　仓库保管员:王刚　收料:田凯

记账联

凭证 2-94

材料损耗报告单

2017 年 12 月 12 日　　　　单位:元

供应单位	材料名称及规格	计量单位	损耗数量	单价	价款	税款	运费	合计	损耗原因	处理意见
莱芜钢铁有限公司	方钢	吨	1	5 000	5 000	861	100	5 961	运输部门丢失	由莱芜汽车站赔偿
合计								5 961		

审批:　　　检验:　　　仓库保管员:王刚　　　制单:田凯

凭证 2-95

赔偿请求单

2017 年 12 月 12 日　　　　单位:元

货物名称	方钢	发运单位	莱芜钢铁有限公司	票据号码		发运数量	25 吨
价款及增值税（元）	价款 125 000.00 增值税 21 250.00		运费及增值税	运费 2 500.00 增值税 275.00		到达实收	24吨
损失品种	方钢		损失数量	1吨	要求赔偿金额(元)		共计5 961.00 抵减应付账款2 775.00 实际赔偿:3 186.00
损失原因	该货在莱芜汽车站丢失,系莱芜汽车站负责,请求赔偿价税及运费						

请求赔偿单位:济泰股份有限公司　　　　赔偿单位:莱芜汽车站

（7）2017 年 12 月 12 日，从泰安金星服装厂购入工作服 200 套，签发 3 个月期限的无息银行承兑汇票一张。相关资料见凭证 2-96 ~ 凭证 2-101。

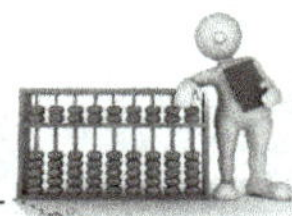

凭证 2-96

山东省增值税专用发票

发 票 联

开票日期:2017 年 12 月 12 日　　　　No 3063479

购货单位	名　　称:济泰股份有限公司 纳税人登记号:370900000000898 地 址、电 话:泰安市青春创业园创业路108号 开户行及账号:中国农业银行泰山区支行　账号:95599007776668889901	密码区	(略)

商品或劳务名称	计量单位	数量	单价	金额 千	百	十	万	千	百	十	元	角	分	税率%	税额 千	百	十	万	千	百	十	元	角	分
工作服	套	200	300				6	0	0	0	0	0	0	17				1	0	2	0	0	0	0
合　计						¥	6	0	0	0	0	0	0	17			¥	1	0	2	0	0	0	0
价税合计(大写)	柒万零贰佰元整																¥70 200.00							

销货单位	名　　称:泰安金星服装厂 纳税人登记号:370910000000119 地 址、电 话:岱宗大街6677号 开户行及账号:建行泰山区支行85599007776668899922	备注	泰安金星服装厂 370910000000119 发票专业章

开票人:王营　　收款人:　　复核:李力　　销货单位(章)

第二联 抵扣联

凭证 2-97

山东省增值税专用发票

发 票 联

开票日期:2017 年 12 月 12 日　　　　No 3063479

购货单位	名　　称:济泰股份有限公司 纳税人登记号:370900000000898 地 址、电 话:泰安市青春创业园创业路108号 开户行及账号:中国农业银行泰山区支行　账号:95599007776668889901	密码区	(略)

商品或劳务名称	计量单位	数量	单价	金额 千	百	十	万	千	百	十	元	角	分	税率%	税额 千	百	十	万	千	百	十	元	角	分
工作服	套	200	300				6	0	0	0	0	0	0	17				1	0	2	0	0	0	0
合　计						¥	6	0	0	0	0	0	0	17			¥	1	0	2	0	0	0	0
价税合计(大写)	柒万零贰佰元整																¥70 200.00							

销货单位	名　　称:泰安金星服装厂 纳税人登记号:370910000000119 地 址、电 话:岱宗大街6677号 开户行及账号:建行泰山区支行85599007776668899922	备注	泰安金星服装厂 370910000000119 发票专业章

开票人:王营　　收款人:王海　　复核:李力　　销货单位(章)

第三联 发票联

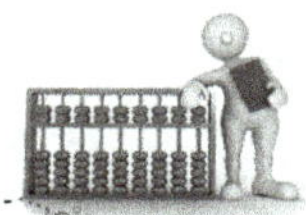

凭证 2-98

收 料 单

2017 年 12 月 12 日　　　　字 第 007 号

供应单位：泰安金星服装厂　　　　材料类别：周转材料

材料编号	名称	规格	计量单位	数量		实际成本				
				应收	实收	买价		运杂费	其他	合计
						单价	金额			
004	工作服		套	200	200	300. 00	60 000. 00			60 000. 00

记账联

仓库负责人：李一　　记账：田明　　仓库保管员：王刚　　收料：田凯

凭证 2-99

银行承兑汇票（存根） 4

出票日期 贰零壹柒年壹拾贰月壹拾贰日

付款人	全称	济泰股份有限公司			收款人	全称	泰安金星服装厂		
	账号	955990077766688899901				账号	855990077766688899922		
	开户银行	农行泰山区支行	行号			开户银行	建行泰山区支行	行号	

出票金额	人民币（大写）柒万零贰佰元整	百	十	万	千	百	十	元	角	分
			¥	7	0	2	0	0	0	0

出票到期日	贰零壹捌年零叁月壹拾贰日	付款人开户行	行号	
承兑协议编号	1345		地址	山东泰安

本汇票请你行承兑，到期无条件支付款项。 济泰股份有限公司 财务专用章 出票人签章	备注:	科目（借） 对方科目（贷） 转账　年　月　日 复核　记账

第四联 存根联 出票人留存

凭证 2-100

银行承兑协议

编号：1345

银行承兑汇票的内容：

收款人全称	泰安金星服装厂	付款人全称	济泰股份有限公司
开户银行	建行泰山区支行	开户银行	中国农业银行泰山区支行
账　号	8559900777666888899922	账　号	9559900777666888899901
汇票号码		汇票金额(大写)	柒万零贰佰元整
签发日期	2017 年 12 月 12 日	到期日期	2018 年 3 月 12 日

以上汇票经承兑银行承兑，承兑申请人（下称申请人）愿遵守《银行结算办法》的规定以及下列条款：

一、申请人于汇票到期日前将应付票款足额交存承兑银行。

二、承兑手续费按票面金额千分之（一）计算，在银行承兑时一次付清。

三、承兑汇票如发生任何交易纠纷，均由收付双方自行处理，票款于到期前仍按第一条办理。

四、承兑汇票到期日，承兑银行凭票无条件支付票款。如到期日之前申请人不能足额交付票款时，承兑银行对不足支付票款转作承兑申请逾期贷款，并按照有关规定计收罚息。

五、承兑汇票款付清后，本协议自动失效。本协议第一、二联分别由承兑银行信贷部门和承兑申请人存执，协议副本由承兑银行会计部门存查。

承兑申请人 济泰股份有限公司 （盖章）　　承兑银行 中国农业行行泰山区支行 （盖章）

订立承兑协议日期 2017 年 12 月 12 日

（印章：济泰股份有限公司 财务专用章；中国农业银行股份有限公司 泰安泰山区支行 业务办讫章）

凭证 2-101

中国农业银行收费凭证(客户回单)

2017 年 12 月 12 日

账号	9559900777666888899901				
户名	济泰股份有限公司				
交易量	1	交易金额	70.2	币种	01
业务种类	票据承兑手续费	多级账簿编号			
收费种类名称		收费金额			
银行承兑汇票承兑手续费		70.20			
收费合计(大写)	人民币柒拾元零贰角整				
收费合计(小写)	¥70.20				

复核：　　制单：于亮

（印章：中国农业银行股份有限公司 泰安泰山区支行 业务办讫章）

（8）2017 年 12 月 12 日，从泰安刃具公司购入刃具 500 件，以银行存款支付，相关资料见表：凭证 2-102 ~ 凭证 2-105。

凭证 2-102

山东省增值税专用发票

发　票　联

开票日期:2017年12月12日　　　　No 3063479

购货单位	名　　称:济泰股份有限公司 纳税人登记号:370900000000898 地 址、电 话:泰安市青春创业园创业路108号 开户行及账号:中国农业银行泰山区支行　账号:955990077766688899901	密码区	(略)

商品或劳务名称	计量单位	数量	单价	金额 千	百	十	万	千	百	十	元	角	分	税率%	税额 千	百	十	万	千	百	十	元	角	分
刃具	件	500	200			1	0	0	0	0	0	0	0	17				1	7	0	0	0	0	0
合　计					¥	1	0	0	0	0	0	0	0	17			¥	1	7	0	0	0	0	0
价税合计(大写)	壹拾壹万柒仟元整																		¥117 000.00					

销货单位	名　　称:泰安刃具公司 纳税人登记号:370910000000120 地 址、电 话:岱宗大街6611号 开户行及账号:建行泰山区支行855990077766688899933	备注	泰安量具公司 370910000000120 发票专业章

开票人:李天　　收款人:刘化　　复核:李梅　　销货单位(章)

第二联　抵扣联

凭证 2-103

山东省增值税专用发票

发　票　联

开票日期:2017年12月12日　　　　No 3063479

购货单位	名　　称:济泰股份有限公司 纳税人登记号:370900000000898 地 址、电 话:泰安市青春创业园创业路108号 开户行及账号:中国农业银行泰山区支行　账号:955990077766688899901	密码区	(略)

商品或劳务名称	计量单位	数量	单价	金额 千	百	十	万	千	百	十	元	角	分	税率%	税额 千	百	十	万	千	百	十	元	角	分
刃具	件	500	200			1	0	0	0	0	0	0	0	17				1	7	0	0	0	0	0
合　计					¥	1	0	0	0	0	0	0	0	17			¥	1	7	0	0	0	0	0
价税合计(大写)	壹拾壹万柒仟元整																		¥117 000.00					

销货单位	名　　称:泰安刃具公司 纳税人登记号:370910000000120 地 址、电 话:岱宗大街6611号 开户行及账号:建行泰山区支行855990077766688899933	备注	泰安量具公司 370910000000120 发票专业章

开票人:李天　　收款人:刘化　　复核:李梅　　销货单位(章)

第三联　发票联

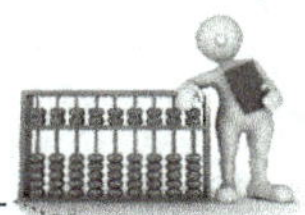

凭证 2-104

收料单

2017 年 12 月 12 日　　　　字 第 008 号

供应单位:泰安刃具公司　　　　材料类别:周转材料

材料编号	名称	规格	计量单位	数量		实际成本					
				应收	实收	买价		运杂费	其他	合计	
						单价	金额				
005	刃具		件	500	500	200.00	100 000.00			100 000.00	记账联

仓库负责人:李一　记账: 田明　仓库保管员:王刚　收料:田凯

凭证 2-105

中国农业银行**转账支票存根**

支票号码 NO. 01172623

科　目

对方科目

出票日期 2017 年 12 月 12 日

收款人:泰安刃具公司
金　额:¥117 000.00
用　途:支付刃具款

单位主管:王倩　会计:田明

济泰股份 财务

(9) 2017 年 12 月 12 日，生产领用方钢，相关资料见凭证 2-106。

凭证 2-106

领　料　单

领料部门:生产车间　开票日期: 2017 年 12 月 12 日　字第 0010 号

材料编号	材料名称	规格	单位	请领数量	实发数量	计划成本		
						计划单价	金额	
001	方钢		吨	20 吨	20 吨	5 000	100 000	第二联 会计记账联
用途	领料部门				发料部门			
生产挖掘机用 15 吨	领料单位负责人		领料人		核准人		发料人	
生产铲车用 5 吨	王力		王红		张坤		田凯	

（10）2017 年 12 月 13 日，领用工作服，相关资料见凭证 2–107。

凭证 2–107

领 料 单

领料部门：生产车间　　开票日期：2017 年 12 月 13 日　　字第 0011 号

<table>
<tr><td rowspan="2">材料编号</td><td rowspan="2">材料名称</td><td rowspan="2">规格</td><td rowspan="2">单位</td><td rowspan="2">请领数量</td><td rowspan="2">实发数量</td><td colspan="2">数量</td></tr>
<tr><td>实际单价</td><td>金额</td></tr>
<tr><td>004</td><td>工作服</td><td></td><td>套</td><td>200 套</td><td>100 套
100 套</td><td>180
300</td><td>18 000
30 000</td></tr>
<tr><td></td><td></td><td></td><td></td><td></td><td></td><td></td><td></td></tr>
<tr><td colspan="3" rowspan="3">用途
车间生产人员领用</td><td colspan="2">领料部门</td><td colspan="3">发料部门</td></tr>
<tr><td>领料单位负责人</td><td>领料人</td><td>核准人</td><td colspan="2">发料人</td></tr>
<tr><td>王力</td><td>王红</td><td>张坤</td><td colspan="2">田凯</td></tr>
</table>

第二联 会计记账联

（11）2017 年 12 月 14 日，生产领用线型钢，相关资料见凭证 2–108。

凭证 2–108

领 料 单

领料部门：生产车间　　开票日期：2017 年 12 月 14 日　　字第 0012 号

<table>
<tr><td rowspan="2">材料编号</td><td rowspan="2">材料名称</td><td rowspan="2">规格</td><td rowspan="2">单位</td><td rowspan="2">请领数量</td><td rowspan="2">实发数量</td><td colspan="2">数量</td></tr>
<tr><td>计划单价</td><td>金额</td></tr>
<tr><td>002</td><td>线型钢</td><td></td><td>吨</td><td>30 吨</td><td>30 吨</td><td>6 000</td><td>180 000</td></tr>
<tr><td></td><td></td><td></td><td></td><td></td><td></td><td></td><td></td></tr>
<tr><td colspan="3" rowspan="3">用途
生产挖掘机用 10 吨
生产铲车用 20 吨</td><td colspan="2">领料部门</td><td colspan="3">发料部门</td></tr>
<tr><td>领料单位负责人</td><td>领料人</td><td>核准人</td><td colspan="2">发料人</td></tr>
<tr><td>王力</td><td>王红</td><td>张坤</td><td colspan="2">田凯</td></tr>
</table>

第二联 会计记账联

（12）2017 年 12 月 14 日，从泰安大河服装厂购入工作服 200 套，相关资料见凭证 2–109 ~ 凭证 2–112。

凭证 2-109

山东省增值税专用发票
发票联

开票日期:2017年12月14日　　　　No　3063495

购货单位	
名　　称	济泰股份有限公司
纳税人登记号	370900000000898
地 址、电 话	泰安市青春创业园创业路108号
开户行及账号	中国农业银行泰山区支行　账号:955990077766688899901
密码区	(略)

商品或劳务名称	计量单位	数量	单价	金额 千	百	十	万	千	百	十	元	角	分	税率%	税额 千	百	十	万	千	百	十	元	角	分
工作服	套	200	250				5	0	0	0	0	0	0	17					8	5	0	0	0	0
合　　计						¥	5	0	0	0	0	0	0	17				¥	8	5	0	0	0	0

价税合计(大写)　伍万捌仟伍佰元整　　¥58 500.00

销货单位	
名　　称	泰安大河服装厂
纳税人登记号	370910000000245
地 址、电 话	迎宾大街6778号
开户行及账号	建行泰山区支行855990077766688899924
备注	

开票人:李营　　收款人:文海　　复核:王力　　销货单位(章)

第二联　抵扣联

凭证 2-110

山东省增值税专用发票
发票联

开票日期:2017年12月14日　　　　No　3063495

购货单位	
名　　称	济泰股份有限公司
纳税人登记号	370900000000898
地 址、电 话	泰安市青春创业园创业路108号
开户行及账号	中国农业银行泰山区支行　账号:955990077766688899901
密码区	(略)

商品或劳务名称	计量单位	数量	单价	金额 千	百	十	万	千	百	十	元	角	分	税率%	税额 千	百	十	万	千	百	十	元	角	分
工作服	套	200	250				5	0	0	0	0	0	0	17					8	5	0	0	0	0
合　　计						¥	5	0	0	0	0	0	0	17				¥	8	5	0	0	0	0

价税合计(大写)　伍万捌仟伍佰元整　　¥58 500.00

销货单位	
名　　称	泰安大河服装厂
纳税人登记号	370910000000245
地 址、电 话	迎宾大街6778号
开户行及账号	建行泰山区支行855990077766688899924
备注	

开票人:李营　　收款人:文海　　复核:王力　　销货单位(章)

第三联　发票联

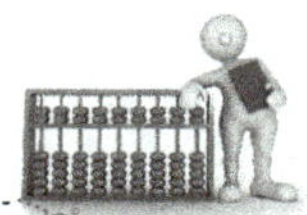

凭证 2-111

收料单

2017 年 12 月 14 日　　　　字 第 009 号

供应单位:泰安大河服装厂　　　　材料类别:周转材料

材料编号	名称	规格	计量单位	数量		实际成本					
				应收	实收	买价		运杂费	其他	合计	
						单价	金额				
004	工作服		套	200	200	250.00	50 000.00			50 000.00	记账联

仓库负责人:李一　记账: 田明　仓库保管员:王刚　收料:田凯

凭证 2-112

中国农业银行**转账支票存根**

支票号码 NO. 01172628

科　　目

对方科目

出票日期 2017 年 12 月 14 日

收款人:泰安大河服装厂
金　额:¥58 500
用　途:支付工作服款

单位主管　王倩　　会计　田明

(13) 2017 年 12 月 14 日，生产领用圆钢，相关资料见凭证 2-113。

凭证 2-113

领　料　单

领料部门:生产车间　　开票日期:　2017 年 12 月 14 日　　字第 0013 号

材料编号	材料名称	规格	单位	请领数量	实发数量	数量		
						计划单价	金额	
003	圆钢		吨	60 吨	60 吨	5 000	300 000	第二联 会计记账联
用途		领料部门			发料部门			
生产挖掘机用 40 吨		领料单位负责人		领料人	核准人		发料人	
生产铲车用 20 吨		王力		王红	张坤		田凯	

（14）2017 年 12 月 14 日，生产车间领用刃具，资料见凭证 2–114。

凭证 2–114

领　料　单

领料部门：生产车间　　开票日期：2017 年 12 月 13 日　　字第 0014 号

材料编号	材料名称	规格	单位	请领数量	实发数量	数量	
						实际单价	金额
005	刃具		件	200 件	50 件 150 件	190 200	9 500 30 000
用途 车间生产一般耗用		领料部门			发料部门		
		领料单位负责人		领料人	核准人	发料人	
		王力		王红	张坤	田凯	

第二联　会计记账联

（15）2017 年 12 月 14 日，管理部门领用工作服，资料见凭证 2–115。

凭证 2–115

领　料　单

领料部门：办公室　　开票日期：2017 年 12 月 13 日　　字第 0015 号

材料编号	材料名称	规格	单位	请领数量	实发数量	数量	
						实际单价	金额
004	工作服		套	100 套	100 套	300	30 000
用途 管理部门领用		领料部门			发料部门		
		领料单位负责人		领料人	核准人	发料人	
		王力		王红	张坤	田凯	

第二联　会计记账联

（16）2017 年 12 月 14 日，挖掘机、铲车完工入库，资料见凭证 2–116。

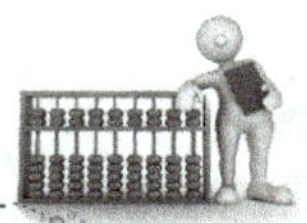

凭证 2-116

库存商品(产成品)验收入库单

交库单位:生产车间　　　　2017 年 12 月 14 日　　　　第 0102 号

产品名称	交验数量	检验结果		实收数量	计量单位	单位成本	金额
		合格	不合格				
挖掘机	10	10		10	台	140 000	1 400 000
铲车	10	10		10	辆	220 000	2 200 000
合计							3 600 000

生产车间　　　　检验人:李华　　　　仓库经收人:田凯

(17) 2017 年 12 月 14 日，盘点库存存货，并上报审批，资料见凭证 2-117。

凭证 2-117

存货盘点报告表

公司名称:济泰股份有限公司　　　　2017 年 12 月 14 日

存货类别	存货名称	计量单位	数量		盈余			亏损						盈亏原因
			账存	实存	数量	计划成本	实际成本	数量	计划成本	成本差异	实际成本	进项税额转出	合计	
原材料	方钢	吨	40	40. 4	0. 4	20 000								发料计量差错
周转材料	刃具	件	300	298				2			400	68	468	保管员田凯管理不善损坏

会计主管:王倩　　　　保管员:田凯　　　　盘点人:武钢　文利

(18) 2017 年 12 月 15 日，处理存货盘盈、盘亏，资料见凭证 2-118。

凭证 2-118

会计部门:

经研究对 2017 年 12 月 14 日盘盈、盘亏存货作出如下处理意见:盘盈的 0. 4 吨方钢价值冲减管理费用;盘亏的 2 件刃具由保管员田凯赔偿。

此致

济泰股份有限公司

2017 年 12 月 15 日

(印章:济泰股份有限公司)

实验设计

(1) 实验类型：单项实验。

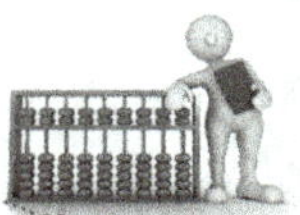

（2）实验时间：8 课时。

（3）实验材料：收款凭证 1 张，付款凭证 5 张，转账凭证 30 张，总账 18 户，三栏式明细账 8 户，多栏式明细账 3 户，增值税明细账 1 户、现金日记账 1 户、银行存款日记账 1 户，数量金额式明细账 6 户，材料采购明细账 3 户。

实验程序

（1）依据第一章建账资料建账（若前面实验已全部建账，此实验不用再重复建账）。

（2）审核原始凭证，并依据审核无误的原始凭证编制记账凭证。

（3）登记相应明细账、日记账。

（4）编制科目汇总表登记总账（也可以月末编制一次科目汇总表，然后登记总账）。

实验四　金融资产项目实验

实验目的

通过金融资产项目实验，使学生：

（1）掌握有关交易性金融资产取得、计息、处置、公允价值变动等交易或事项会计凭证的填制、审核方法和手续。

（2）掌握有关可供出售金融资产取得、计息、处置、公允价值变动等交易或事项会计凭证的填制等。

（3）掌握有关持有至到期投资取得、溢折价摊销、计息、到期收回等交易或事项的账务处理等。

实验资料

（1）2017 年 12 月 15 日，济泰股份有限公司签发转账支票办理存出投资款，相关资料凭证 2-119 和凭证 2-120。

凭证 2-119

中国农业银行**转账支票存根**

支票号码 NO. 02172618

科　　目

对方科目

出票日期 2017 年 12 月 15 日

收款人：齐鲁证券交易所
金　额：¥450 000.00
用　途：存出投资款

单位主管：王倩　　　会计：田明

凭证 2-120

齐鲁证券交易所客户存款凭条

2017 年 12 月 15 日

流水号:1125

户　　名:济泰股份有限公司	账号:5877966321
存入金额:¥450 000.00	余额:¥451 000.00
上海账号:A615166	
深圳账号:A30408	

委托人:　　操作号:899　　复核:李辉

(2) 2017 年 12 月 16 日，购买神州高铁股票作交易性金融资产，资料见凭证 2-121。

凭证 2-121

证券成交过户交割单

席位号:44038　　打印日期:2017 年 12 月 16 日

股东名称:济泰股份有限公司	成交编号:484801
股东账号:A30408	成交数量:3 000股
资金账号:5877966321	成交价格:15.8
期初数量:0	成交金额:47400
期初金额:401 000.00	佣　　金:72.6
股票代码:000001	印花税: 67.4
股票名称:神州高铁	过户费: 20
申报日期:20171216	其他费用:0
申报编号:2250	清算金额:47560
备　　注:购入	成交时间:14:32
	清算日期:20171216

经办单位:齐鲁证券交易所　　客户签章:济泰股份有限公司

(3) 2017 年 12 月 17 日，购买世纪星源股票作可供出售金融资产，资料见凭证 2-122。

凭证 2-122

证券成交过户交割单

席位号:44078　　打印日期:2017 年 12 月 17 日

股东名称:济泰股份有限公司	成交编号:584808
股东账号: A615166	成交数量:2 000股
资金账号:5877966321	成交价格:20.5
期初数量:0	成交金额:41 000
期初金额:353 450.00	佣　金:69
股票代码:600373	印花税: 61
股票名称:世纪星源	过户费: 20
申报日期:20171217	其他费用:0
申报编号:3250	清算金额:41150
备　注:购入	成交时间:09:32
	清算日期:20171217

经办单位:齐鲁证券交易所　　客户签章:济泰股份有限公司

(4) 2017 年 12 月 18 日，购买当日发行的每份面值 100 元，5 年期，分年付息、到期一次还本的绿地债作为持有至到期投资管理，资料见凭证 2-123。

凭证 2-123

证券成交过户交割单

席位号:54078　　打印日期:2017 年 12 月 18 日

股东名称:济泰股份有限公司	成交编号:684808
股东账号:A30408	成交数量:2 000份
资金账号:5877966321	成交价格:105
期初数量:0	成交金额:210 000
期初金额:312 300.00	佣　金:170
股票代码:122817	印花税: 210
债券名称:绿地债债券	过户费: 20
申报日期:20171218	其他费用:0
申报编号:4250	清算金额:210 400.00
备　注:购入	成交时间:09:32
	清算日期:20171218

经办单位:齐鲁证券交易所　　客户签章:济泰股份有限公司

(5) 2017 年 12 月 20 日，卖出原作为可供出售金融资产管理的中国建筑股票 1 000 股，账面余额 15 300 元，其中：成本 15 000 元，公允价值变动 300 元。资料见凭证 2-124。

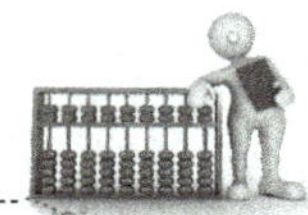

凭证 2-124

证券成交过户交割单

席位号:64078	打印日期:2017 年 12 月 20 日
股东名称:济泰股份有限公司	成交编号:584909
股东账号: A615166	成交数量:1 000股
资金账号:5877966321	成交价格:20
期初数量:0	成交金额:20 000
期初金额:101 900.00	佣　　金:63
股票代码:600633	印花税:17
股票名称:中国建筑	过户费:20
申报日期:20171218	其他费用:0
申报编号:5250	清算金额:19 900
备　　注:卖出	成交时间:10:32
	清算日期:20171218
经办单位:齐鲁证券交易所	客户签章:济泰股份有限公司

（6）2017 年 12 月 20 日，卖出原作为交易性金融资产管理的中国联通股票 10 000 股，账面余额 110 000 元，其中：成本 90 000 元，公允价值变动 20 000 元，资料见凭证 2-125。

凭证 2-125

证券成交过户交割单

席位号:64099	打印日期:2017 年 12 月 20 日
股东名称:济泰股份有限公司	成交编号:584998
股东账号: A615166	成交数量:10 000股
资金账号:5877966321	成交价格:15
期初数量:0	成交金额:150 000
期初金额:118 800.00	佣　　金:80
股票代码:600831	印花税:100
股票名称:中国联通	过户费:20
申报日期:20171220	其他费用:0
申报编号:5650	清算金额:149 800.00
备　　注:卖出	成交时间:10:20
	清算日期:20171220
经办单位:齐鲁证券交易所	客户签章:济泰股份有限公司

（7）2017 年 12 月 31 日，对 2017 年 1 月 1 日购入的云南白药建设投资有限责任公司发行的每份面值 100 元，5 年期，分年付息、到期还本、票面利率 6% 的 1 000 份 17 白药债进行计息摊销，资料见凭证 2-126（把持有至到期投资利息计算和溢（折）价摊销表补充完整并编制记账凭证）。

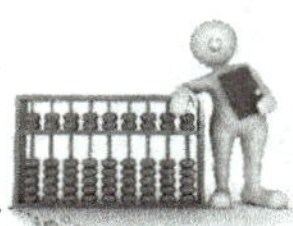

凭证 2–126

债券利息计算和溢(折)价摊销表

2017年12月31日

投资名称	17 白药债
发行日期	2017 年 1 月 1 日
投资日期	2017 年 1 月 1 日
票面价值	100
票面利率(单利)	6%
利息支付方式	分年付息
购买份数	1 000
购买价格	98 000
实际利率	7%
应收利息	
应摊销利息调整	
投资收益	

制表:刘莉　　　　审核:刘红

(8) 2017 年 12 月 31 日，已持有到期的 5 年期，到期一次还本付息的债券 12 盐城债，收到本息，其中投资成本 100 000 元；5 年利息共计 25 000 元，存入证券资金账户。资料见凭证 2–127 和凭证 2–128。

凭证 2–127

中国农业银行进账单(加单或收账通知)

2017 年 12 月 31 日　　　　第 012 号

收款人	全　称	齐鲁证券交易所	付款人	全　称	盐城市城南新区开发建设有限公司
	账　号	5877966321		账　号	955990077766688800011
	开户银行	中国农业银行泰山区支行		开户银行	建行三峡区支行

人民币(大写)壹拾贰万伍仟元整	千	百	十	万	千	百	十	元	角	分
		¥	1	2	5	0	0	0	0	0

票据种类	电汇	收款人开户行盖章
票据张数	1	
单位主管　会计　复核　记账		

(印章：中国农业银行股份有限公司 泰安泰山区支行 业务办讫章)

此联是收款人开户行交给收款人回单或收账通知

凭证 2-128

齐鲁证券交易所客户存款凭条

2017 年 12 月 31 日

流水号:3325

户　　名:济泰股份有限公司　　账号:5877966321

存入金额:¥125 000.00　　余额:¥343 600.00

上海账号:A615166

深圳账号:A30408

齐鲁证券交易所 业务章

委托人:　　操作号:899　　复核:李辉

(9) 2017 年 12 月 31 日，神州高铁收盘价每股 17.8 元，计算神州高铁公允价值变动损益（填写凭证 2-129），并进行账务处理。

凭证 2-129

交易性金融资产公允价值变动计算表

2017年12月31日

名称	调整前账面价值			期末公允价值	公允价值增(+)减(-)变动
	成本	公允价值变动			
		借方	贷方		
神州高铁					
合计					

制表:刘莉　　审核:刘红

(10) 2017 年 12 月 31 日，世纪星源收盘价每股 20 元，计算世纪星源公允价值变动损益（填写凭证 2-130），并进行账务处理。

凭证 2-130

可供出售金融资产公允价值变动计算表

2017年12月31日

名称	调整前账面价值			期末公允价值	公允价值增(+)减(-)变动
	成本	公允价值变动			
		借方	贷方		
世纪星源					
合计					

制表:刘莉　　审核:刘红

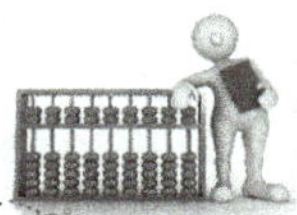

实验设计

（1）实验类型：单项实验。

（2）实验时间：4 课时。

（3）实验材料：付款凭证 1 张，转账凭证 11 张，总账 10 户，三栏式明细账 8 户，多栏式明细账 2 户，银行存款日记账 1 户。

实验程序

（1）依据第一章建账资料建账（若前面实验已全部建账，此实验不用再重复建账）。

（2）审核原始凭证，并依据审核无误的原始凭证编制记账凭证。

（3）登记相应明细账、日记账。

（4）编制科目汇总表登记总账（也可以月末编制一次科目汇总表，然后登记总账）。

实验五　长期股权投资项目实验

实验目的

通过长期股权投资项目实验，使学生：

（1）掌握有关长期股权投资初始成本计量的账务处理。

（2）掌握有关长期股权投资后续计量的账务处理等。

（3）掌握有关长期股权投资处置等业务的账务处理等。

实验资料

（1）2017 年 12 月 31 日，济泰股份有限公司以 600 万元对济南济源有限公司进行长期股权投资，取得济南济源有限公司 60% 的股权。资料见凭证 2-131 和凭证 2-132。

凭证 2-131

中国农业银行电汇凭证(回单)

委托日期 2017 年 12 月 31 日　　　　第 022 号

汇款人	全称	济泰股份有限公司			收款人	全称	济南济源有限公司		
	账号	955990077766688899901				账号	155990077766688800001		
	汇出地点	泰安	汇出行名称	农行泰山区支行		汇入地点	济南	汇入行名称	建行天桥区支行

金额(大写)	千	百	十	万	千	百	十	元	角	分
人民币陆佰万元整	¥	6	0	0	0	0	0	0	0	0

汇出行盖章	支付密码
中国农业银行股份有限公司 泰安泰山区支行 业务办讫章	附加信息及用途　支付投资款 复核　　记账

此联是汇出银行交给汇款单位的回单

凭证 2-132

投资协议书(摘要)

投资单位:济泰股份有限公司
被投资单位:济南济源有限公司
…………
第二条:济泰股份有限公司以货币资金对济南济源有限公司进行投资,其投资额为人民币 600 万元。
第三条:济泰股份有限公司投资后,占济南济源有限公司新注册资本的 60%的份额。
…………

投资人(签章):济泰股份有限公司　　接受投资人(签章):济南济源有限公司
2017 年 12 月 31 日　　2017 年 12 月 31 日

(2) 2017 年 12 月 31 日，济泰股份有限公司以 3 辆铲车对广东东莞建筑公司进行长期股权投资，取得广东东莞建筑公司 30% 的份额，能够对广东东莞建筑公司实施重大影响。资料见凭证 2-133～凭证 2-135。

凭证 2-133

投资协议书(摘要)

投资单位:济泰股份有限公司
被投资单位:广东东莞建筑公司
…………
第二条:济泰股份有限公司以 3 辆全新铲车对广东东莞建筑公司进行投资。
第三条:济泰股份有限公司投资后,占广东东莞建筑公司新注册资本的 30%的份额。
第四条:投资日广东东莞建筑公司所有者权益公允价值为人民币 350 万元。
…………

投资人(签章):济泰股份有限公司　　接受投资人(签章):广东东莞建筑公司
2017 年 12 月 31 日　　2017 年 12 月 31 日

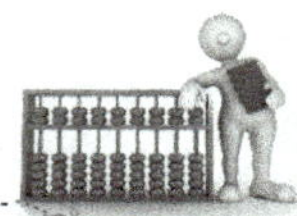

凭证 2-134

山东省增值税专用发票
发 票 联

开票日期:2017 年 12 月 31 日　　　　　　　　No 1063480

购货单位	名　　称:广东东莞建筑公司 纳税人登记号:444585069862385 地 址、电 话:广东东莞人民路168号 开户行及账号:中行东莞支行75599007776668889904	密码区	(略)

商品或劳务名称	计量单位	数量	单价	金额										税率%	税额									
				千	百	十	万	千	百	十	元	角	分		千	百	十	万	千	百	十	元	角	分
铲车	辆	3	300 000			9	0	0	0	0	0	0	0	17			1	5	3	0	0	0	0	0
合　计					¥	9	0	0	0	0	0	0	0	17		¥	1	5	3	0	0	0	0	0
价税合计(大写)	壹佰零伍万叁仟元整														¥1 053 000.00									

销货单位	名　　称:济泰股份有限公司 纳税人登记号:370900000000898 地 址、电 话:泰安市青春创业园创业路108号 开户行及账号:中国农业银行泰山区支行95599007776668889901	备注	济泰股份有限公司 370900000000898 发票专用章

开票人:李三　　收款人:海明　　复核:刘红　　销货单位(章)

凭证 2-135

产品出库单

用途:对外投资　　　　2017 年 12 月 31 日　　　　第 099 号

产品名称	计量单位	数量	单位成本	金额
铲车	辆	3	220 000	660 000
合　计				660 000

记账联

记账:田明　　保管:田凯　　检验:李华　　经手人:黄红

(3) 2017 年 12 月 31 日，济泰股份有限公司计算对外长期股权投资的收益，见凭证 2-136。

凭证 2-136

2017 年度长期股权投资投资收益计算表

单位:万元

被投资单位名称	投资时间	持股比例	2017年被投资单位实现净收益	确认投资收益	后续计量方法
格力电器股份有限公司	2015. 1. 1	30%	100	30	权益法
合　计	-	-	-	30	-

会计主管:王倩　　　　制单:刘红

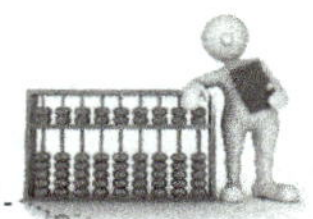

（4）济泰股份有限公司 2017 年 12 月 31 日持有格力电器 30% 的股权，并对其能够实施重大影响。2017 年 12 月 31 日，格力电器对外公告利润分配方案，资料见凭证 2–137。

凭证 2–137

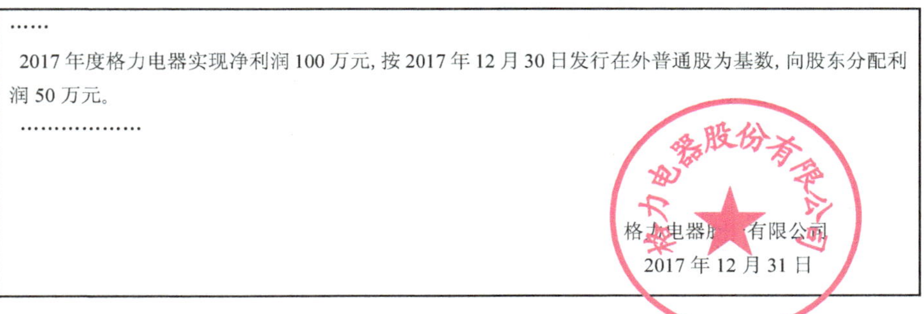

格力电器 2017 年度利润分配方案（摘要）

……

2017 年度格力电器实现净利润 100 万元，按 2017 年 12 月 30 日发行在外普通股为基数，向股东分配利润 50 万元。

………………

格力电器股份有限公司

2017 年 12 月 31 日

（5）2017 年 12 月 31 日，济泰股份有限公司出售持有的长期股权投资格力电器的股份，出售前，该部分格力电器股票的账面价值 280 万元，其中投资成本 250 万元，损益调整 30 万元，资料见凭证 2–138。

凭证 2–138

证券成交过户交割单

席位号:64078　　打印日期:2017 年 12 月 31 日

股东名称:济泰股份有限公司	成交编号:589909
股东账号: A615166	成交数量:120 000股
资金账号:5877966321	成交价格:23.5
期初数量:0	成交金额:2 820 000
期初金额:217 600.00	佣　　金:408
股票代码:600188	印花税: 2 592
股票名称:格力电器	过户费: 20
申报日期:20171231	其他费用:0
申报编号:9250	清算金额:2 817 000
备　　注:卖出	成交时间:10:32
	清算日期:20171231

经办单位:齐鲁证券交易所　　客户签章:济泰股份有限公司

实验设计

（1）实验类型：单项实验。

（2）实验时间：2 课时。

（3）实验材料：付款凭证 1 张，转账凭证 5 张，总账 7 户，三栏式明细账 8 户，多栏式明细账 3 户，银行存款日记账 1 户。

实验程序

（1）依据第一章建账资料建账（若前面实验已全部建账，此实验不用再重复建账）。

（2）审核原始凭证，并依据审核无误的原始凭证编制记账凭证。

（3）登记相应明细账、日记账。

（4）编制科目汇总表登记总账（也可以月末编制一次科目汇总表，然后登记总账）。

实验六　固定资产项目实验

实验目的

通过固定资产项目实验，使学生：

（1）了解有关固定资产增减变动的原因和途径。

（2）掌握有关固定资产核算的程序、会计凭证的填制、审核方法和手续。

（3）掌握有关固定资产折旧的计算方法及账务处理。

实验资料

济泰股份有限公司是增值税一般纳税人，适用增值税税率17%。2017年12月固定资产相关核算资料如下：

（1）2017年12月31日，从泰安北方车辆厂购入货车一辆，以银行存款进行结算，相关资料见凭证2-139～凭证2-142。

凭证 2-139

山东省增值税专用发票

（印章：全国统一发票监制章　山东　国家税务总局监制）

发　票　联

开票日期:2017年12月31日　　　　　No　1063581

购货单位	名　　称:济泰股份有限公司 纳税人登记号:370900000000898 地 址、电 话:泰安市青春创业园创业路108号 开户行及账号:中国农业银行泰山区支行955990077766688899901	密码区	（略）

商品或劳务名称	计量单位	数量	单价	金额 千	百	十	万	千	百	十	元	角	分	税率%	税额 千	百	十	万	千	百	十	元	角	分
大货车	辆	1	100 000			1	0	0	0	0	0	0	0	17				1	7	0	0	0	0	0
合　计					¥	1	0	0	0	0	0	0	0	17			¥	1	7	0	0	0	0	0
价税合计(大写)	壹拾壹万柒仟元整																¥117 000.00							

销货单位	名　　称:泰安北方车辆厂 纳税人登记号:370900000000097 地 址、电 话:泰安市青春创业园创业路108号 开户行及账号:中国农业银行泰山区支行　955990077766688899915	备注	（印章：泰安北方车辆厂　370900000000898　发票专业章）

第二联　抵扣联

开票人:王力　　收款人:王芳　　复核:李红　　销货单位(章)

凭证 2-140

山东省增值税专用发票

发　票　联

开票日期:2017 年 12 月 31 日　　　　　　　　No　1063581

购货单位	
名　　称	济泰股份有限公司
纳税人登记号	370900000000898
地 址、电 话	泰安市青春创业园创业路108号
开户行及账号	中国农业银行泰山区支行95599007776668889901
密码区	（略）

商品或劳务名称	计量单位	数量	单价	金额 千	百	十	万	千	百	十	元	角	分	税率%	税额 千	百	十	万	千	百	十	元	角	分
大货车	辆	1	100 000			1	0	0	0	0	0	0	0	17				1	7	0	0	0	0	0
合　计					¥	1	0	0	0	0	0	0	0	17			¥	1	7	0	0	0	0	0
价税合计(大写)	壹拾壹万柒仟元整																		¥117 000.00					

销货单位	
名　　称	泰安北方车辆厂
纳税人登记号	370900000000097
地 址、电 话	泰安市青春创业园创业路108号
开户行及账号	中国农业银行泰山区支行95599007776668899915
备注	

开票人:王力　　收款人:王芳　　复核:李红　　销货单位(章)

第三联　发票联

凭证 2-141

中国农业银行**转账支票存根**

支票号码　NO. 02172818

科　　目

对方科目

出票日期　2017 年 12 月 31 日

收款人:	泰安北方车辆厂
金　额:	¥117 000.00
用　途:	购大货车

单位主管:王倩　　　　会计:田明

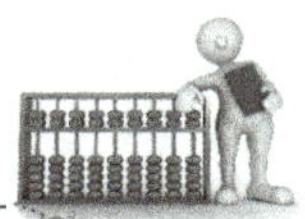

凭证 2-142

固定资产验收交结单

2017 年 12 月 31 日

资产编号	资产名称	型号规格或结构面积	计量单位	数量	购买价值或工程造价	基础或安装费用	附加费用（税金）	合计
	大货车	东风 5	辆	1	100 000. 00			100 000. 00
资产来源		外购	耐用年限		10		主要附属设备	
制造厂名		东风汽车公司	估计年限		10			
制造日期及编号		2017 年 8 月 1 日	月折旧率		0.75%			
工程项目或使用部门		车队	估计残值		10 000			

会计主管：王倩　　出纳：海明　　复核：刘红　　记账：田明　　制单：刘莉

（2）2017 年 12 月 31 日，从泰安机械厂购入需安装设备 A 一台，以银行存款进行结算，相关资料见凭证 2-143 ~ 凭证 2-145。

凭证 2-143

山东省增值税专用发票

发　票　联

开票日期：2017 年 12 月 31 日　　　　No 2063581

购货单位：
名　　称：济泰股份有限公司
纳税人登记号：370900000000898
地 址、电 话：泰安市青春创业园创业路108号
开户行及账号：中国农业银行泰山区支行9559900777666888899901

密码区：（略）

商品或劳务名称	计量单位	数量	单价	金额 千	百	十	万	千	百	十	元	角	分	税率%	税额 千	百	十	万	千	百	十	元	角	分
设备 A	台	1	200 000			2	0	0	0	0	0	0	0	17				3	4	0	0	0	0	0
合　计					¥	2	0	0	0	0	0	0	0	17			¥	3	4	0	0	0	0	0

价税合计（大写）：贰拾叁万肆仟元整　　¥234 000.00

销货单位：
名　　称：泰安机械厂
纳税人登记号：370900000000108
地 址、电 话：泰安市岱宗大街西段
开户行及账号：中国农业银行泰山区支行9559900777666888888888

备注：泰安机械厂 370900000000108 发票专用章

开票人：孙为　　收款人：王力　　复核：李传强　　销货单位（章）

第二联 抵扣联

凭证 2-144

山东省增值税专用发票
发票联

开票日期:2017年12月31日　　　　No 2063581

购货单位	名　　称:济泰股份有限公司 纳税人登记号:370900000000898 地 址、电 话:泰安市青春创业园创业路108号 开户行及账号:中国农业银行泰山区支行955990077766688899901	密码区	(略)

商品或劳务名称	计量单位	数量	单价	金额 千	百	十	万	千	百	十	元	角	分	税率%	税额 千	百	十	万	千	百	十	元	角	分
设备A	台	1	200 000			2	0	0	0	0	0	0	0	17				3	4	0	0	0	0	0
合　计					¥	2	0	0	0	0	0	0	0	17			¥	3	4	0	0	0	0	0
价税合计(大写)	贰拾叁万肆仟元整																¥234 000.00							

销货单位	名　　称:泰安机械厂 纳税人登记号:370900000000108 地 址、电 话:泰安市岱宗大街西段 开户行及账号:中国农业银行泰山区支行955990077766688888888	备注	泰安机械厂 370900000000108 发票专业章

开票人:孙为　　收款人:王力　　复核:李传强　　销货单位(章)

第三联 发票联

凭证 2-145

中国农业银行**转账支票存根**

支票号码 NO. 02172820

科　　目

对方科目

出票日期 2017年12月31日

收款人:泰安机械厂
金　额:¥234 000.00
用　途:购设备A

单位主管:王倩　　会计:田明

(济泰股份 财务 印章)

(3)2017年12月31日,领用甲材料安装当日购入的设备,甲材料成本差异率2%。资料见凭证2-146。

凭证 2-146

领　料　单

领料部门:生产车间　　开票日期:　2017年 12月31日　　字第0023号

材料编号	材料名称	规格	单位	请　领 数　量	实发 数量	计划成本	
						计划单价	金额
009	甲材料		千克	20千克	20千克	500	10 000
用途		领料部门		发料部门			
安装设备A用		领料单位负责人	领料人	核准人		发料人	
		王力	王红	张坤		田凯	

第二联　会计记账联

(4) 2017年12月31日，设备A安装完成，交付生产车间使用。资料见凭证2-147。

凭证 2-147

固定资产验收交结单

2017年12月31日

资产 编号	资产 名称	型号规 格或结 构面积	计量 单位	数 量	购买价值 或工程造 价	基础或 安装费 用	附加费用 (税金)	合计
	设备A		台	1	210 200. 00			210 200. 00
资产来源		外购、安装		耐用年限	10年		主要附属设备	
制造厂名		泰安机械厂		估计年限	10年			
制造日期及编号		2017年10月1日		月折旧率	0. 83%			
工程项目或使用部门		生产车间		估计残值	200元			

会计主管:王倩　　出纳:海明　　复核:刘红　　记账:田明　　制单:刘莉

(5) 2017年12月31日，企业自营构建办公楼，购买工程物资，以银行存款支付。资料见凭证2-148～凭证2-151。

[illegible]

4. 20[illegible]

[illegible]

2017年[illegible]

[illegible]

凭证 2-148

山东省增值税专用发票

发　票　联

开票日期：2017 年 12 月 31 日　　　　No　2063585

购货单位	名　　称：济泰股份有限公司 纳税人登记号：370900000000898 地 址、电 话：泰安市青春创业园创业路108号 开户行及账号：中国农业银行泰山区支行9559900777666888899901	密码区	（略）

商品或劳务名称	计量单位	数量	单价	金额										税率%	税额									
				千	百	十	万	千	百	十	元	角	分		千	百	十	万	千	百	十	元	角	分
钢材	吨	100	3 000			3	0	0	0	0	0	0	0	17				5	1	0	0	0	0	0
合　计					¥	3	0	0	0	0	0	0	0	17			¥	5	1	0	0	0	0	0

价税合计（大写）	叁拾伍万壹仟元整　　　　¥351 000.00

销货单位	名　　称：泰安建筑材料公司 纳税人登记号：370900000000907 地 址、电 话：泰安市岱宗大街西段 开户行及账号：中国农业银行泰山区支行9559900777666888888888	备注	泰安建筑材料公司 370900000000907 发票专业章

第二联 抵扣联

开票人：高天　　收款人：李海　　复核：王涛　　销货单位（章）

凭证 2-149

山东省增值税专用发票

发　票　联

开票日期：2017 年 12 月 31 日　　　　No　2063585

购货单位	名　　称：济泰股份有限公司 纳税人登记号：370900000000898 地 址、电 话：泰安市青春创业园创业路108号 开户行及账号：中国农业银行泰山区支行9559900777666888899901	密码区	（略）

商品或劳务名称	计量单位	数量	单价	金额										税率%	税额									
				千	百	十	万	千	百	十	元	角	分		千	百	十	万	千	百	十	元	角	分
钢材	吨	100	3 000			3	0	0	0	0	0	0	0	17				5	1	0	0	0	0	0
合　计					¥	3	0	0	0	0	0	0	0	17			¥	5	1	0	0	0	0	0

价税合计（大写）	叁拾伍万壹仟元整　　　　¥351 000.00

销货单位	名　　称：泰安建筑材料公司 纳税人登记号：370900000000907 地 址、电 话：泰安市岱宗大街西段 开户行及账号：中国农业银行泰山区支行9559900777666888888888	备注	泰安建筑材料公司 370900000000907 发票专业章

第三联 发票联

开票人：高天　　收款人：李海　　复核：王涛　　销货单位（章）

凭证 2-150

中国农业银行**转账支票存根**

支票号码 NO. 02172827

科　　目

对方科目

出票日期 2017 年 12 月 31 日

收款人：泰安建筑材料公司
金　额：¥351 000.00
用　途：购钢材

单位主管：王倩　　会计：田明

凭证 2-151

工程物资入库单

2017 年 12 月 31 日　　字 第 0025 号

供应单位：泰安建筑材料公司　　仓库：4 号

材料编号	名称	规格	计量单位	数量		实际成本				
				应收	实收	买价		运杂费	税金及其他	合计
						单价	金额			
0025	钢材		吨	100	100	3 000.00	300 000.00			300 000.00

记账联

仓库负责人：李梦　　记账：田明　　仓库保管员：李瑞

（6）2017 年 12 月 31 日，办公楼工程领用工程物资钢材 100 吨。资料见凭证 2-152。

凭证 2-152

工程物资领料单

领料部门：基建部门　　开票日期：　2017 年 12 月 31 日　　字第 0025 号

材料编号	工程物资名称	规格	单位	请领数量	实发数量	金额
0025	钢材		吨	100	100	300 000.00

用途	领料部门		发料部门	
办公楼工程用	领料单位负责人	领料人	核准人	发料人
	李力	李红	张坤	李瑞

（7）2017 年 12 月 31 日，办公楼工程领用原材料甲材料，甲材料成本差异率 2%，资料见凭证 2-153。

凭证 2-153

领　料　单

领料部门:基建部门　　开票日期:　2017 年 12 月 31 日　　字第 0024 号

材料编号	材料名称	规格	单位	请领数量	实发数量	计划成本	
						计划单价	金额
009	甲材料		千克	200 千克	200 千克	500	100 000
用途		领料部门			发料部门		
办公楼工程用		领料单位负责人		领料人	核准人		发料人
		李力		李红	张坤		田凯

第二联　会计记账联

（8）2017 年 12 月 31 日，自营建造的办公楼工程完工交付使用，资料见凭证 2-154。

凭证 2-154

自营工程竣工验收单

项目名称	办公楼工程		批准时间	2010 年 11 月 20 日	
项目性质	自用		完成时间	2017 年 12 月 31 日	
预算价格	4 100 000.00		决算价格	4 402 000.00	
结构类型	砖混结构		建筑面积	1 000 m^2	
验收意见	经检验，质量达到原设计要求，同意交付使用				
验收人员	使用部门	企业负责人	外聘专家	建筑监理	财务科	资产部
	孙强	王同化	李青	国田	王倩	汪和
备注:					
验收单位 负责人:田振国			使用单位 负责人:孙强		

（9）2017 年 12 月 31 日，济泰股份有限公司与济南金利来公司达成非货币性资产交换协议。资料见凭证 2-155～凭证 2-160。

凭证 2-155

非货币性资产交换协议书

济泰股份有限公司以甲材料 80 千克换入济南金利来公司的大卡车一辆。

济泰股份有限公司 80 千克甲材料实际价值 40 800 元，公允价值 40 000 元。

济南金利来公司大卡车原价 500 000 元，已提折旧 430 000 元，公允价值 40 000 元。

双方资产的计税价格均等于公允价值，双方适用增值税税率均为 17%，均未对资产计提减值准备。济泰股份有限公司与济南金利来公司不存在关联关系 。

本协议自双方签字起开始生效。

济泰股份有限公司
2017 年 12 月 31 日

济南金利来公司
2017 年 12 月 31 日

凭证 2-156

山东省增值税专用发票

发　票　联

开票日期：2017 年 12 月 31 日　　　　No 1063477

购货单位	名　　称：济南金利来公司 纳税人登记号：370185069862329 地 址、电 话：历下区迎宾路168号 开户行及账号：工商银行历下区支行53000068666	密码区	（略）

商品或劳务名称	计量单位	数量	单价	金额 千	百	十	万	千	百	十	元	角	分	税率%	税额 千	百	十	万	千	百	十	元	角	分
甲材料	千克	80	500				4	0	0	0	0	0	0	17					6	8	0	0	0	0
合　　计						¥	4	0	0	0	0	0	0	17				¥	6	8	0	0	0	0
价税合计（大写）	肆万陆仟捌佰元整																¥46 800.00							

销货单位	名　　称：济泰股份有限公司 纳税人登记号：370900000000898 地 址、电 话：泰安市青春创业园创业路108号 开户行及账号：中国农业银行泰山区支行95599007776668899901	备注	济泰股份有限公司 370900000000898 发票专业章

第一联 记账联

开票人：李三　　收款人：海明　　复核：刘红　　销货单位（章）

凭证 2-157

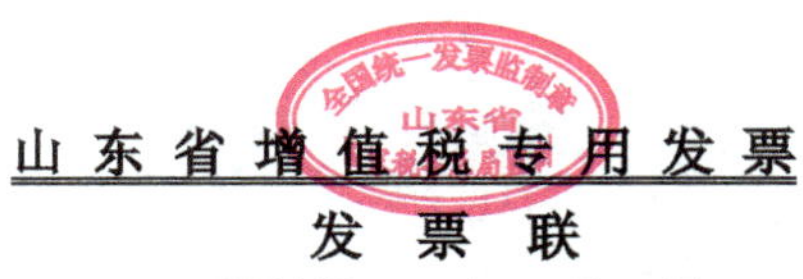

山东省增值税专用发票

发 票 联

开票日期:2017 年 12 月 31 日　　　　No 2063589

购货单位	名　称:济泰股份有限公司 纳税人登记号:370900000000898 地 址、电 话:泰安市青春创业园创业路108号 开户行及账号:中国农业银行泰山区支行95599007776668889901	密码区	(略)

商品或劳务名称	计量单位	数量	单价	金额 千	百	十	万	千	百	十	元	角	分	税率%	税额 千	百	十	万	千	百	十	元	角	分
大卡车	辆	1	40 000				4	0	0	0	0	0	0	17					6	8	0	0	0	0
合　计						¥	4	0	0	0	0	0	0	17				¥	6	8	0	0	0	0
价税合计(大写)	肆万陆仟捌佰元整																	¥46 800.00						

销货单位	名　称:济南金利来公司 纳税人登记号:370185069862329 地 址、电 话:历下区迎宾路168号 开户行及账号:工商银行历下区支行53000068666	备注	

第二联 抵扣联

开票人:田红　　收款人:孙力　　复核:章强　　销货单位(章)

凭证 2-158

山东省增值税专用发票

发 票 联

开票日期:2017 年 12 月 31 日　　　　No 2063589

购货单位	名　称:济泰股份有限公司 纳税人登记号:370900000000898 地 址、电 话:泰安市青春创业园创业路108号 开户行及账号:中国农业银行泰山区支行95599007776668889901	密码区	(略)

商品或劳务名称	计量单位	数量	单价	金额 千	百	十	万	千	百	十	元	角	分	税率%	税额 千	百	十	万	千	百	十	元	角	分
大卡车	辆	1	40 000				4	0	0	0	0	0	0	17					6	8	0	0	0	0
合　计						¥	4	0	0	0	0	0	0	17				¥	6	8	0	0	0	0
价税合计(大写)	肆万陆仟捌佰元整																	¥46 800.00						

销货单位	名　称:济南金利来公司 纳税人登记号:370185069862329 地 址、电 话:历下区迎宾路168号 开户行及账号:工商银行历下区支行53000068666	备注	

第三联 发票联

开票人:田红　　收款人:孙力　　复核:章强　　销货单位(章)

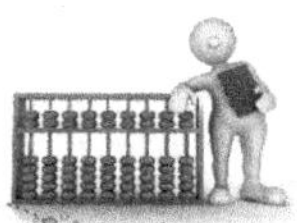

凭证 2-159

固定资产验收交结单

2017 年 12 月 31 日

<table>
<tr><td>资产编号</td><td>资产名称</td><td>型号规格或结构面积</td><td>计量单位</td><td>数量</td><td>购买价值或工程造价</td><td>基础或安装费用</td><td>附加费用（税金）</td><td>合计</td></tr>
<tr><td></td><td>大卡车</td><td></td><td>辆</td><td>1</td><td>40 000.00</td><td></td><td></td><td>40 000.00</td></tr>
<tr><td colspan="2">资产来源</td><td colspan="2">非货币性资产交换</td><td>耐用年限</td><td colspan="2">10 年</td><td rowspan="5">主要附属设备</td><td></td></tr>
<tr><td colspan="2">制造厂名</td><td colspan="2">徐工机械厂</td><td>估计年限</td><td colspan="2">10 年</td><td></td></tr>
<tr><td colspan="2">制造日期及编号</td><td colspan="2">2012 年 10 月 1 日</td><td>月折旧率</td><td colspan="2">0.79%</td><td></td></tr>
<tr><td colspan="2">工程项目或使用部门</td><td colspan="2">生产车间</td><td>估计残值</td><td colspan="2">2 000 元</td><td></td></tr>
</table>

会计主管:王倩　出纳:海明　复核:刘红　记账:田明　制单:刘莉

凭证 2-160

领　料　单

领料部门:销售部门　开票日期:　2017 年 12 月 31 日　字第 0024 号

<table>
<tr><td rowspan="2">材料编号</td><td rowspan="2">材料名称</td><td rowspan="2">规格</td><td rowspan="2">单位</td><td rowspan="2">请领数量</td><td rowspan="2">实发数量</td><td colspan="2">计划成本</td></tr>
<tr><td>计划单价</td><td>金额</td></tr>
<tr><td>009</td><td>甲材料</td><td></td><td>千克</td><td>80 千克</td><td>80 千克</td><td>500</td><td>40 000.00</td></tr>
<tr><td></td><td></td><td></td><td></td><td></td><td></td><td></td><td></td></tr>
<tr><td colspan="2" rowspan="3">用途
非货币性资产交换</td><td colspan="3">领料部门</td><td colspan="3">发料部门</td></tr>
<tr><td colspan="2">领料单位负责人</td><td>领料人</td><td colspan="2">核准人</td><td>发料人</td></tr>
<tr><td colspan="2">李力</td><td>李红</td><td colspan="2">张坤</td><td>田凯</td></tr>
</table>

第二联　会计记账联

（10）2017 年 12 月 31 日，计提固定资产折旧（填列凭证 2-161 并进行账务处理）。

凭证 2-161

固定资产折旧计算表

2017 年 12 月 31 日

<table>
<tr><td colspan="3" rowspan="2">项目
科目　部门　类别</td><td>月初应计折旧</td><td colspan="2">折旧</td></tr>
<tr><td>固定资产原价</td><td>月折旧率</td><td>月折旧额</td></tr>
<tr><td rowspan="3">制造费用</td><td rowspan="3">基本生产车间</td><td>房屋及建筑物</td><td>3 000 000</td><td>2‰</td><td></td></tr>
<tr><td>机器设备</td><td>5 000 000</td><td>5‰</td><td></td></tr>
<tr><td>小计</td><td>8 000 000</td><td></td><td></td></tr>
<tr><td rowspan="3">管理费用</td><td rowspan="3">管理部门</td><td>房屋及建筑物</td><td>1 000 000</td><td>2‰</td><td></td></tr>
<tr><td>机器设备</td><td>2 400 000</td><td>5‰</td><td></td></tr>
<tr><td>小计</td><td>3 400 000</td><td></td><td></td></tr>
<tr><td colspan="3">总　计</td><td>11 400 000</td><td></td><td></td></tr>
</table>

会计主管:王倩　制单:刘莉

实验设计

（1）实验类型：单项实验。

（2）实验时间：5 课时。

（3）实验材料：付款凭证 3 张，转账凭证 12 张，总账 14 户，三栏式明细账 5 户，数量金额式明细账 1 户，多栏式明细账 5 户，银行存款日记账 1 户，应交增值税明细账 1 户。

实验程序

（1）依据第一章建账资料建账（若前面实验已全部建账，此实验不用再重复建账）。

（2）审核原始凭证，并依据审核无误的原始凭证编制记账凭证。

（3）登记相应明细账、日记账。

（4）编制科目汇总表登记总账（也可以月末编制一次科目汇总表，然后登记总账）。

实验七　无形资产项目实验

实验目的

通过无形资产项目实验，使学生：

（1）掌握有关无形资产核算的内容、核算的程序，以及相关会计凭证的填制方法等。

（2）掌握有关无形资产摊销的计算方法及会计核算。

实验资料

（1）2017 年 12 月 31 日，从中山大学设计研究院购入专利权 A，以银行存款进行结算，相关资料见：凭证 2-162 ~ 凭证 2-165。

凭证 2-162

山东省增值税专用发票

发票联

开票日期:2017 年 12 月 31 日　　　　No　7063589

购货单位
名　　称:济泰股份有限公司
纳税人登记号:370900000000898S
地 址、电 话:泰安市青春创业园创业路108号
开户行及账号:中国农业银行泰山区支行9559900777666888899901

密码区：（略）

商品或劳务名称	计量单位	数量	单价	金额 千	百	十	万	千	百	十	元	角	分	税率%	税额 千	百	十	万	千	百	十	元	角	分
发明专利A	件	1	400 000			4	0	0	0	0	0	0	0	6				2	4	0	0	0	0	0
合　计					¥	4	0	0	0	0	0	0	0	6			¥	2	4	0	0	0	0	0

价税合计(大写)：肆拾贰万肆仟元整　　¥424 000.00

销货单位
名　　称:中山大学设计研究院
纳税人登记号:210185069862329
地 址、电 话:广州市越秀区中山二路77号
开户行及账号:中国农业银行高新区支行9559900776668888888

备注

中山大学设计研究院 210185069862329 发票专业章

开票人:马强　　收款人:田丽　　复核:前程　　销货单位(章)

第二联 抵扣联

凭证 2-163

山东省增值税专用发票

发　票　联

开票日期:2017 年 12 月 31 日　　　　No　7063589

购货单位	名　　称:济泰股份有限公司 纳税人登记号:370900000000898 地 址、电 话:泰安市青春创业园创业路108号 开户行及账号:中国农业银行泰山区支行955990077766688899901				密码区	(略)
商品或劳务名称	计量单位	数量	单价	金额(千百十万千百十元角分)	税率%	税额(千百十万千百十元角分)
发明专利A	件	1	400 000	4 0 0 0 0 0 0 0	6	2 4 0 0 0 0 0
合　　计				¥ 4 0 0 0 0 0 0 0	6	¥ 2 4 0 0 0 0 0
价税合计(大写)	肆拾贰万肆仟元整					¥424 000.00
销货单位	名　　称:中山大学设计研究院 纳税人登记号:210185069862329 地 址、电 话:广州市越秀区中山二路77号 开户行及账号:中国农业银行高新区支行955990077766688888888				备注	中山大学设计研究院 210185069862329 发票专用章

开票人:马强　　　收款人:田丽　　　复核:前程　　　销货单位(章)

第三联　发票联

凭证 2-164

无形资产入账通知单

2017 年 12 月 31 日　　　　编号:02010

类别	编号	名称	数量	入账价值	摊销额		预计使用年限	累计摊销额	入账原因
					年摊销额	月摊销额			
专利权		发明专利A	1	400 000	40 000	3 333	10		外购

批准:田振国　　　会计主管:王倩　　　制单:刘莉

凭证 2-165

中国农业银行电汇凭证(回单)

委托日期:2017年12月31日　　　　第 0029 号

汇款人				收款人			
全称	济泰股份有限公司			全称	中山大学设计研究院		
账号	95599007776668889901			账号	9559900776668888888		
汇出地点	泰安	汇出行名称	农行泰山区支行	汇入地点	广州	汇入行名称	农业银行高新区支行

人民币(大写)肆拾贰万肆仟元整	千	百	十	万	千	百	十	元	角	分
		¥	4	2	4	0	0	0	0	0

汇出行盖章	支付密码
中国农业银行股份有限公司 泰安泰山区支行 业务办迄章	附加信息及用途　支付专利款 复核　　记账

此联是汇出银行交给汇款单位的回单

(2) 2017 年 12 月 31 日,济泰股份有限公司把一项专利权 B 转让给济宁高开股份有限公司,收到款项存入银行。资料见凭证 2-166 ~ 凭证 2-168。

凭证 2-166

无形资产出账通知单

2017 年 12 月 31 日　　　　编号:02011

类别	编号	名称	数量	账面余额	摊销额		已使用年限	累计摊销额	出账原因
					年摊销额	月摊销额			
专利权		发明专利 B	1	240 000	24 000	2 000	3	72 000	对外销售

批准:田振国　　　　会计主管:王倩　　　　制单:刘莉

凭证 2-167

中国农业银行进账单(加单或收账通知)

2017 年 12 月 31 日　　　　第 020 号

收款人		付款人	
全称	济泰股份有限公司	全称	济宁高开股份有限公司
账号	95599007776668899901	账号	55599007776668899901
开户银行	中国农业银行泰山区支行	开户银行	中国工商银行任城区支行

人民币(大写)壹拾玖万零捌佰元整	千	百	十	万	千	百	十	元	角	分
		¥	1	9	0	8	0	0	0	0

票据种类	电汇	收款人开户行盖章
票据张数	1	中国农业银行股份有限公司 泰安泰山区支行 业务办迄章
单位主管　会计　复核　记账		

此联是收款人开户行交给收款人回单或收账通知

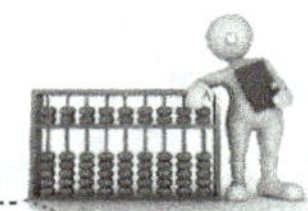

凭证 2-168

山东省增值税专用发票

发票联

开票日期:2017 年 12 月 31 日　　　　No 7063589

购货单位	名　　称:济宁高开股份有限公司 纳税人登记号:210185069862329 地 址、电 话:济宁市任城区任城大道977号 开户行及账号:中国工商银行任城区支行5559900777666888899901	密码区	(略)

商品或劳务名称	计量单位	数量	单价	金额 千	百	十	万	千	百	十	元	角	分	税率%	税额 千	百	十	万	千	百	十	元	角	分
发明专利	件	1	180 000			1	8	0	0	0	0	0	0	6				1	0	8	0	0	0	0
合　计					¥	1	8	0	0	0	0	0	0	6			¥	1	0	8	0	0	0	0
价税合计(大写)	壹拾玖万零捌佰元整																¥190 800.00							

销货单位	名　　称:济泰股份有限公司 纳税人登记号:370900000000898 地 址、电 话:泰安市青春创业园创业路108号 开户行及账号:中国农业银行泰山区支行9559900777666888899901	备注	济泰股份有限公司 370900000000898 发票专业章

开票人:李三　　收款人:海明　　复核:刘红　　销货单位(章)

第一联 记账联

(3) 2017 年 12 月 31 日，济泰股份有限公司与济宁高开股份有限公司达成非货币性资产交换协议，资料见凭证 2-169 ~ 凭证 2-174。

凭证 2-169

非货币性资产交换协议书

济泰股份有限公司以一项专利权 C 换入济宁高开股份有限公司的甲材料 1000 千克。

济泰股份有限公司专利权 C 账面余额 600 000元，已计提摊销 15 000元，公允价值 551 887 元。

济宁高开股份有限公司 1 000千克甲材料账面价值 440 000元，公允价值 500 000 元。

双方资产的计税价格均等于公允价值，济宁高开股份有限公司适用增值税税率均为 17%，双方均未对资产计提减值准备，均开出了增值税发票。济泰股份有限公司与济宁高开股份有限公司不存在关联关系 。

本协议自双方签字起开始生效。

济泰股份有限公司
2017 年 12 月 31 日

济宁高开股份有限公司
2017 年 12 月 31 日

凭证 2-170

无形资产出账通知单

2017 年 12 月 31 日　　　　编号:02012

类别	编号	名称	数量	账面余额	摊销额		已使用年限	累计摊销额	出账原因
					年摊销额	月摊销额			
专利权		发明专利C	1	600 000	15 000	1 250	1	15 000	非货币性资产交换

批准:田振国　　　　会计主管:王倩　　　　制单:刘莉

凭证 2-171

山东省增值税专用发票

发票联

开票日期:2017 年 12 月 31 日　　　　No 4063588

购货单位	名　　称:济泰股份有限公司 纳税人登记号:370900000000898 地 址、电 话:泰安市青春创业园创业路108号 开户行及账号:中国农业银行泰山区支行 9559900777666888899901	密码区	(略)

商品或劳务名称	计量单位	数量	单价	金额										税率%	税额									
				千	百	十	万	千	百	十	元	角	分		千	百	十	万	千	百	十	元	角	分
甲材料	千克	1 000	500			5	0	0	0	0	0	0	0	17				8	5	8	0	0	0	0
合　计					¥	5	0	0	0	0	0	0	0	17			¥	8	5	8	0	0	0	0

价税合计(大写)	伍拾捌万伍仟元整	¥585 000.00

销货单位	名　　称:济宁高开股份有限公司 纳税人登记号:370885069862329 地 址、电 话:济宁市任城区任城大道977号 开户行及账号:中国工商银行任城区支行5559900777666888899901	备注	济宁高开股份有限公司 370088506986 2329 发票专业章

第二联 抵扣联

开票人:李红　　　收款人:王力　　　复核:高强　　　销货单位(章)

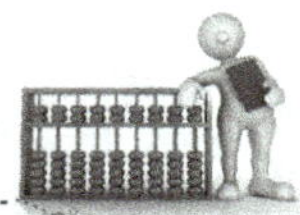

凭证 2-172

山东省增值税专用发票

发 票 联

开票日期:2017 年 12 月 31 日　　　　No 4063588

购货单位	名　　称:济泰股份有限公司 纳税人登记号:370900000000898 地 址、电 话:泰安市青春创业园创业路108号 开户行及账号:中国农业银行泰山区支行95599007776668899901	密码区	(略)

商品或劳务名称	计量单位	数量	单价	金额 千	百	十	万	千	百	十	元	角	分	税率%	税额 千	百	十	万	千	百	十	元	角	分
甲材料	千克	1 000	500			5	0	0	0	0	0	0	0	17				8	5	8	0	0	0	0
合　计					¥	5	0	0	0	0	0	0	0	17			¥	8	5	8	0	0	0	0

价税合计(大写)	伍拾捌万伍仟元整	¥585 000.00

销货单位	名　　称:济宁高开股份有限公司 纳税人登记号:370885069862329 地 址、电 话:济宁市任城区任城大道977号 开户行及账号:中国工商银行任城区支行55599007776668899901	备注	济宁高开股份有限公司 370885069862329 发票专业章

开票人:李红　　收款人:王力　　复核:高强　　销货单位(章)

第三联 发票联

凭证 2-173

山东省增值税专用发票

发 票 联

开票日期:2017 年 12 月 31 日　　　　No 4063588

购货单位	名　　称:济宁高开股份有限公司 纳税人登记号:370885069862329 地 址、电 话:济宁市任城区任城大道977号 开户行及账号:中国工商银行任城区支行 55599007776668899901	密码区	(略)

商品或劳务名称	计量单位	数量	单价	金额 千	百	十	万	千	百	十	元	角	分	税率%	税额 千	百	十	万	千	百	十	元	角	分
专利权C	件	1	551 887			5	5	1	8	8	7	0	0	6				3	3	1	1	3	0	0
合　计					¥	5	5	1	8	8	7	0	0	6			¥	3	3	1	1	3	0	0

价税合计(大写)	伍拾捌万伍仟元整	¥585 000.00

销货单位	名　　称:济泰股份有限公司 纳税人登记号:370900000000898 地 址、电 话:泰安市青春创业园创业路108号 开户行及账号:中国农业银行泰山区支行 95599007776668899901	备注	济泰股份有限公司 370900000000898 发票专业章

开票人:李三　　收款人:海明　　复核:刘红　　销货单位(章)

第一联 记账联

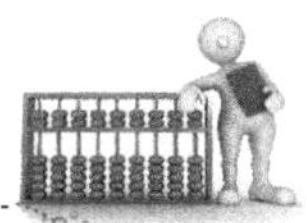

凭证 2-174

收 料 单

2017 年 12 月 31 日　　字 第 022 号

供应单位:济宁高开股份有限公司　　材料类别:原料及主要材料

材料编号	名称	规格	计量单位	数量		实际成本					计划成本	
				应收	实收	买价		运杂费	其他	合计	单位成本	金额
						单价	金额					
009	甲材料		千克	1 000	1 000	500.00	500 000.00			500 000.00	500.00	500 000.00
差异						0						

记账联

仓库负责人:李一　　记账:　田明　　仓库保管员:王刚　　收料:田凯

(4) 2017 年 12 月 31 日，计提无形资产摊销。资料见凭证 2-175。

凭证 2-175

无形资产摊销计算表

2017 年 12 月 31 日　　编号:02013

无形资产名称	无形资产余额	使用年限	本月摊销额
专利权 A	400 000	10	3 333
合计	400 000		3 333

会计主管:王倩　　制单:刘莉

实验设计

(1) 实验类型：单项实验。

(2) 实验时间：1 课时。

(3) 实验材料：付款凭证 1 张，转账凭证 5 张，总账 8 户，三栏式明细账 1 户，数量金额式明细账 1 户，多栏式明细账 3 户，银行存款日记账 1 户，应交增值税明细账 1 户。

实验程序

(1) 依据第一章建账资料建账（若前面实验已全部建账，此实验不用再重复建账）。

(2) 审核原始凭证，并依据审核无误的原始凭证编制记账凭证。

(3) 登记相应明细账、日记账。

(4) 编制科目汇总表登记总账（也可以月末编制一次科目汇总表，然后登记总账）。

第三章　ERP 资产核算拓展实验

实验准备

(1)仿真企业为济泰股份有限公司,公司概况以及基本会计制度和会计政策见上篇第一章实验平台设计。

(2)拓展实验系统可以根据学校的具体情况选择相应的 ERP 管理软件,本实验使用用友 ERP－U8.61 操作系统。

(3)在企业应用平台进行系统管理和基础设置,以便进行后面的实验。

① 启动系统管理

具体操作:启用“用友 ERP－U8”,单击“系统服务”,选择“系统管理”,执行“系统”命令,单击“注册”按钮,打开“登录”界面。以系统管理员身份进入系统管理。

② 建立单位账套,建立账套信息、单位信息、核算类型、数据精度、系统启用时间等。

③ 增加操作员并进行财务分工。输入实验中的相关人员基本信息并对其进行权限设置,包括口令和角色。比如,会计主管王倩的口令设置为“1”,角色为“账套主管”。此处的设置只是为了方便实验,企业的实际操作人员可能会更多,分工可能会更加复杂细致。

④ 输入基础信息,即设置基础档案。相关信息包括:

- 部门信息(编码、名称、属性等),相关信息包括:
- 人员类别(企业管理人员、车间管理人员、生产人员等)。
- 人员档案(编号、姓名、性别、部门、分类名称、是否操作员、操作员编码等)。
- 客户分类(批发、零售、代销等)。
- 客户档案(编号、名称、分类、地区、税号、银行账号、地址、邮编、折扣率、分管部门、分管业务员等)。
- 供应商分类(原料供应商、成品供应商等)。
- 供应商档案(编号、名称、分类、地区、税号、银行账号、地址、邮编、分管部门、分管业务员等)。
- 地区分类(东北地区、华北地区、华东地区、西北地区等)。

⑤ 备份账套数据。

⑥ 修改账套数据。

实验目的

通过本章的实验,将资产的传统手工核算与电算化核算联系起来,系统练习各资产系统的初始化,日常业务处理和期末业务处理的操作方法。

实验资料

参照本篇第二章各实验的具体资料。

实验程序

一、总账管理

总账管理系统是财务业务一体化管理软件的核心,既能独立运行,又能与其他各系统协同运转。主要功能和操作如下:

1. 系统初始设置

以账套主管“王倩”的身份根据实验资料进行总账初始设置,包括设置总账控制参数、设置基础数据和输入期初余额,资料见上篇第一章试验平台设计相关建账资料。

(1)登录系统。具体操作:登录“企业应用平台”,单击“业务”选项卡,选择“财务会计”选项,选择“总账”选项。

(2)设置总账控制参数。

- 凭证参数设置(制单序时控制、支票控制、赤字控制等)。
- 账簿参数设置。
- 凭证打印参数设置。
- 预算控制参数设置。
- 权限参数设置(允许修改、作废他人填制的凭证,可查询他人凭证等)。
- 会计日历参数设置。
- 其他参数设置。

(3)设置基础数据。

- 建立会计科目(增加明细科目、修改会计科目、删除会计科目、指定会计科目等)。
- 设置凭证类别(收付转类型、限制类型、限制科目等)。
- 设置结算方式(现金结算、支票结算等)。
- 数据权限控制设置及分配等。

(4)输入期初余额。

2. 系统日常业务处理

完成初始设置后,就可以进行日常业务处理了。以“田明”的身份进行凭证填制、凭证查询等操作,以“海明”的身份进行出纳签字、现金银行存款日记账和资金日报表的查询、支票登记等操作,以“王倩”的身份进行审核、记账、账簿查询等操作。

(1)凭证管理。

- 填制凭证(增加凭证、生成和调用常用凭证、修改凭证、作废凭证、整理凭证等)。
- 审核凭证(出纳签字、主管签字、审核凭证)。
- 凭证汇总。
- 凭证记账。

(2)出纳管理。

- 出纳签字。

- 日记账及资金日报表(现金日记账、银行存款日记账、资金日报表)。
- 支票登记簿(支票领用人、领用日期、支票用途、是否报销等)。
- 银行对账。
- 现金和银行存款日记账的查询。

(3)账簿管理。

- 总账、科目余额表、明细账等账簿的查询及打印。
- 各种辅助核算账簿管理。
- 现金流量表查询。

3. 系统期末处理

以“海明”的身份进行银行对账等操作,以“田明”的身份进行自动转账等操作,以“王倩”的身份进行审核、记账、对账、结账等操作。

- 银行对账(输入银行对账期初余额、输入银行对账单、银行对账、余额调节表的查询输出、对账结果查询等)。
- 自动转账(转账定义——费用分配、费用分摊、税金计算、提取各项费用;生成转账凭证)。
- 对账。
- 结账。

二、资产管理系统

对本篇第二章涉及的资产管理系统进行相关操作,包括系统的初始化,日常业务处理和月末业务处理。本实验选择了具有代表性的应收款管理、存货核算和固定资产管理系统。

1. 应收款管理

应收款管理系统主要用于核算和管理客户往来账项,主要功能和操作如下:

(1)登录系统。以账套主管“王倩”的身份启用并进入应收账款管理系统,并且进行初始设置、日常业务处理和月末处理。具体资料见上篇第一章试验平台设计的相关建账资料和第二章实验二相关资料。

具体操作:登录“企业应用平台”,启用“应收款管理系统”,单击“设置”选项卡,选择“财务会计”选项,选择“应收款管理”选项。

(2)初始设置。

- 设置控制参数(选择应收账款的核销方式、选择设置控制科目的依据、选择设置存货销售科目的依据、选择预收款的核销方式、选择制单的方式、选择坏账处理的方式、选择是否显示现金折扣等)。
- 设置基础信息(设置科目、设置坏账准备、设置账龄区间、设置报警级别、设置计量单位组合计量单位、设置存货分类及档案等)。
- 输入期初余额。

(3)日常业务处理。

- 应收处理(单据处理、单据结算、转账处理等)。
- 票据管理。
- 坏账处理(坏账发生、坏账收回、坏账计提等)。

• 制单处理(立即制单、批量制单)。

• 查询统计(单据查询、业务账表查询、业务分析、科目账表查询等)。

(4)月末处理。

• 汇兑损益。

• 月末结账。

另外,应收款管理系统与其他系统相互之间也有联系,比如销售管理系统、应付款管理系统、UFO 报表管理系统等,在操作时应注意其中的联系。

2. 存货核算

存货核算系统是供应链管理系统的一个子系统,主要功能和操作如下:

(1)登录系统。以账套主管"王倩"的身份启用并进入存货核算系统进行相关操作,包括初始设置、日常业务处理和月末处理。具体资料见上篇第一章试验平台设计的相关建账资料和第二章实验三相关资料。

具体操作:登录"企业应用平台",单击"业务"选项卡,选择"存货"选项。

(2)日常业务处理。

• 入库业务处理(采购入库、产成品入库、其他入库)。

• 出库业务处理(销售出库、材料出库、其他出库)。

• 单据记账。

• 暂估处理(月初回冲、单到回冲、单到补差)。

• 生成凭证。

• 综合查询。

(3)月末处理。

• 期末处理(自动进行差异率的计算及分配、存货跌价准备的处理、月末结账及对账等)。

• 月末结账。

• 与总账系统对账。

另外,存货核算系统与采购管理系统、库存管理系统、成本管理系统、销售管理系统和总账管理系统等都有联系,可以集成应用或联合应用。

3. 固定资产管理

固定资产管理系统是主要用于完成企业固定资产日常业务的核算和管理,主要功能和操作如下:

(1)登录系统。以账套主管"王倩"的身份启用固定资产管理系统,并且进行初始设置、日常业务处理和月末处理。具体资料见上篇第一章试验平台设计相关建账资料和第二章实验六相关资料。

具体操作:登录"企业应用平台",选择"业务"选项卡,单击"财务会计",选择"固定资产"选项。

(2)初始设置。

• 设置控制参数(约定与说明、启用月份、折旧信息、编码方式、财务接口)。

• 设置基础数据(资产类别设置、部门设置、增减方式设置、部门对应折旧科目设置、折旧方法设置等)。

• 录入期初固定资产卡片。

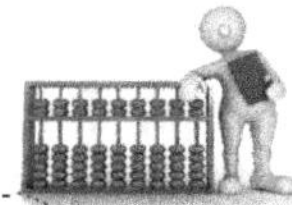

(3)日常业务处理。

- 资产增减。
- 资产变动(原值变动、部门转移、资产使用状况的调整、资产使用年限的调整、资产折旧方法的调整)。
- 资产评估(固定资产原值、累计折旧、净值、使用年限、净残值率等的评估)。
- 资产盘点。
- 生成凭证。
- 账表管理(账簿、折旧表、统计表、分析表等)。

(4)月末处理。

- 计提减值准备。
- 计提折旧。
- 对账。
- 结账。

另外,固定资产管理系统与成本管理系统、总账管理系统和UFO报表管理系统等有联系,在操作时应注意相互间的数据提取及核对。

中篇　权　益　篇

第四章　实验平台设计

一、实验分组

1. 配备实验指导老师

配备专职或兼职实验指导老师,组织和指导实验全过程,并根据学生完成实验的质量和工作量进行评分。

2. 分组实验

仿真公司会计岗位设置情况,进行分组实验,有利于学生增强对实际会计岗位的认识。一般情况下,每组6人为宜,分工如下:

(1)会计主管:全面负责会计工作,制定公司内部财务制度并贯彻执行;编制财务计划、财务预算并负责实施;进行财务分析,参与企业经营决策。

(2)出纳:负责审核有关现金、银行存款等有关原始凭证,编制收付款记账凭证,登记现金、银行存款日记账。

(3)往来结算:负责应付及预收款项的明细核算;定期核对应付及预收款项。

(4)薪酬核算:计算、编制工资薪酬结算汇总表、工资薪酬费用分配表、工资薪酬附加费计提表、编制各种社会保险及公积金计提表,编制记账凭证并登记相关明细账。

(5)借款、所有者权益:办理借款、还款手续,计算、支付借款利息,编制相关记账凭证并登记相关明细账;负责所有者权益相关交易或事项的核算。

(6)总账(兼复核):对有关交易或事项进行复核,编制科目汇总表,登记总账。

实验结束,应填写人员分工及工作量明细表,以明确责任和进行考核评价。实验结束后,指导老师应组织学生进行经验交流,了解学生对会计核算工作的熟悉程度,发现存在的问题,以便有针对性的指导学生的实验。

二、实验材料准备

1. 账页

(1)总分类账。

(2)现金日记账。
(3)银行存款日记账。
(4)三栏式明细账。
(5)数量金额式明细账。
(6)多栏式明细账。
(7)应交税费——应交增值税明细账。

2. 会计凭证

(1)收款凭证。
(2)付款凭证。
(3)转账凭证。
(4)凭证封面。
(5)科目汇总表。
(6)凭证粘贴纸。

3. 其他

(1)胶水。
(2)直尺。
(3)小刀。
(4)大票夹、小票夹。
(5)装订机等。

实验目的

(1)通过实验,进一步理解和掌握中级财务会计课程权益相关理论知识和会计核算方法;熟练掌握从事会计工作的基本技能。

(2)感受会计人员的实际工作环境和工作作风,进一步提高学生综合处理会计实务的能力,提高学生的综合素质。

(3)培养学生运用所学的会计理论知识,分析和解决会计学领域实际问题的能力。

(4)进一步深化和扩展所学的中级财务会计的理论知识和会计核算方法,培养学生分析问题、解决问题的能力、实践应用能力和创新能力。

实务操作的要求与方法

实务操作的要求与方法,具体见上篇第一章实验平台设计。

仿真公司概况

一、公司概况

具体见上篇第一章实验平台设计。

二、公司财务制度有关规定和说明

(1)原材料、库存商品等存货采用实际成本核算,发出材料采用先进先出法。

(2)除原材料、库存商品等存货外,其他相关财务制度有关规定和说明,见上篇第一章实验平台设计。

建账资料

本部分提供的建账资料,满足中篇——权益篇所有交易或事项核算的需要,具体资料有:

(1)2017 年 12 月初账户余额表,见表 4-1。

(2)2017 年 12 月初库存原材料结存表(本实验原材料采用实际成本核算),见表 4-2。

(3)2017 年 12 月初库存商品结存表(本实验库存商品采用实际成本核算),见表 4-3。

表 4-1　2017 年 12 月初账户余额表　　单位:元

总账账户	二级账	明细账	借方余额	贷方余额
库存现金			**20 800**	
银行存款			**2 677 916**	
其他应收款			**54 760**	
		社会保险费	11 700	
		住房公积金	43 060	
库存商品			**700 000**	
		挖掘机	700 000	
原材料			**1 000 000**	
固定资产			**17 000 000**	
	生产经营用	设备	10 000 000	
		房屋建筑物	7 000 000	
累计折旧				**150 060**
在建工程			**749 000**	
		办公楼工程	749 000	
无形资产			**13 965 000**	
		专利权	13 965 000	
累计摊销				**20 000**
短期借款				**60 000**
		临时借款		60 000
应付利息				**1 500**
		临时借款		1 500
应付票据				**50 000**
		北京钢铁有限公司		50 000
应付账款				**970 000**
		泰安轴承厂		20 000

续表

单位:元

总账账户	二级账	明细账	借方余额	贷方余额
		济南钢铁有限公司		450 000
		北京钢铁有限公司		500 000
应付职工薪酬				**450 600**
		职工工资		430 600
		职工教育经费		20 000
应交税费				**232 000**
		未交增值税		200 000
		应交房产税		12 000
		应交城市维护建设税		14 000
		应交教育费附加		6 000
长期借款				**2 400 000**
		农业银行(本金)		2 000 000
		工商银行(本金)		400 000
应付债券				**533 316**
	济泰15债	面值		500 000
		应计利息		30 000
		利息调整		3 316
股本				**31 000 000**
资本公积				**300 000**
		股本溢价		300 000
合计			**36 167 476**	**36 167 476**

表 4-2 2017 年 12 月初库存原材料结存表

单位:元

材料类别、品种	计量单位	数 量	实际单价	金 额
钢材 C	吨	100	6 000	600 000
电气元件	件	400	1 000	400 000

表 4-3 2017 年 12 月初库存商品结存表

单位:元

材料类别、品种	计量单位	数 量	实际单价	金 额
挖掘机	台	5	140 000	700 000

第五章　负债项目实验

实验目的

通过流动负债、非流动负债项目实验，使学生：

(1)掌握有关流动负债、非流动负债相关交易或事项核算的程序、会计凭证的填制、审核方法和手续。

(2)掌握有关短期借款、应付票据、应付职工薪酬、应交税费、长期借款、应付债券等交易或事项核算的相关会计政策、内部控制等相关知识。

(3)熟练掌握流动负债、非流动负债核算所需账户的设置以及相关交易或事项的会计处理。

实验资料

(1)12 月 1 日，济泰股份有限公司向农业银行借入期限 3 个月的借款 60 000 元，年利率为 6%，利息到期与本金一起归还，资料见凭证 5-1 和凭证 5-2。

凭证 5-1

中国农业银行借款合同

借款方(简称甲方)：济泰股份有限公司

贷款方(简称乙方)：中国农业银行泰山区支行

担保方：长江实业有限公司

甲方为进行生产(或经营活动)，向乙方申请借款，并聘请长江实业有限公司作为保证人，乙方也已审查批准，经三方(或双方协商)，特订立本合同，以便共同遵守。

第一条：贷款种类：短期贷款。

第二条：借款用途：临时资金周转。

第三条：借款金额人民币(大写)：陆万元整。

第四条：借款利率为 6%，利息随本金一起偿还，如遇国家调整利率，按新规定计算.

第五条：借款和还款期限：借款日期 2017 年 12 月 1 日，还款日期为 2018 年 3 月 1 日。

第六条：还款资金来源：

1. 还款资金来源：营业收入。

2. 还款方式：转账。

第七条：保证条款(略)。

第八条：违约责任(略)。

本合同正本一式三份，贷款方，借款方，保证方各执一份；合同副本一式，报送等有关单位(如经公证或鉴证，应送公证或鉴证机关)各留存一份。

法定代表人(签字)田振国	法定代表人(签字)王庆国	法定代表人(签字)张一山
借款方：(签字)：	贷款方：(签字)：	保证方：(签字)：
2017 年 12 月 1 日	2017 年 12 月 1 日	2017 年 12 月 1 日

济泰股份有限公司　中国农业银行股份有限公司泰山区支行　长江实业有限公司

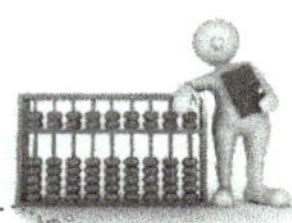

凭证 5-2

中国农业银行借款借据(收账通知)

借款企业名称:济泰股份有限公司　　2017 年 12 月 1 日

贷款种类	短期贷款	借款人	存款户名	济泰股份有限公司
贷款账号	8559900777634265912154		账　号	9559900777666888899901
			开户银行	中国农业银行泰山区支行
借款金额:人民币(大写)陆万元整				千 百 十 万 千 百 十 元 角 分 ¥ 6 0 0 0 0 0 0
用途	临时资金周转		单位分录 (借) (贷)	
约定还款期限:期限 3 个月,于 2018 年 3 月 1 日到期				
上列款项已批准发放,转入你单位存款账户。 此致 单位 (中国农业银行股份有限公司泰安泰山区支行 业务办讫章)			单位主管　会计　复核　记账 2017 年 12 月 1 日	

(2)12 月 2 日,济泰股份有限公司购钢材 C 10 吨,买价 60 000 元,增值税 10 200 元,材料已入库,济泰股份有限公司签发一张面值为 70 200 元的不带息商业承兑汇票。资料见凭证 5-3 ~ 凭证 5-7。

凭证 5-3

山东省增值税专用发票
发票联

开票日期:2017年12月2日　　No　02063473

购货单位	名　称:济泰股份有限公司 纳税人登记号:370900000000898 地址、电话:泰安市青春创业园创业路108 号 开户行及账号:中国农业银行泰山区支行9559900777666888899901	密码区	(略)

商品或劳务名称	计量单位	数量	单价	金额 千	百	十	万	千	百	十	元	角	分	税率%	税额 千	百	十	万	千	百	十	元	角	分
钢材 C	吨	10	6 000				6	0	0	0	0	0	0	17					1	0	2	0	0	0
合　计						¥	6	0	0	0	0	0	0	17				¥	1	0	2	0	0	0
价税合计(大写)	柒万零贰佰元整																	¥70 200. 00						

销货单位	名　称:济宁市任城钢材公司 纳税人登记号:370810272213158 地址、电　话:济宁市任城区 开户行及账号:工行太白路支行456712000056783	备注	(济宁市任城钢材公司 370810272213158 发票专用章)

开票人:王莉　　收款人:　　复核:刘红　　销货单位(章)

第二联　抵扣联

凭证 5-4

山东省增值税专用发票
发票联

开票日期:2017 年 12 月 2 日　　　　No 02063473

购货单位	名　称:济泰股份有限公司 纳税人登记号:370900000000898 地 址、电 话:泰安市青春创业园创业路 108 号 开户行及账号:中国农业银行泰山区支行 9559900777666888 99901	密码区	(略)

商品或劳务名称	计量单位	数量	单价	金额 千	百	十	万	千	百	十	元	角	分	税率%	税额 千	百	十	万	千	百	十	元	角	分
钢材 C	吨	10	6 000				6	0	0	0	0	0	0	17				1	0	2	0	0	0	0
合　计						¥	6	0	0	0	0	0	0	17			¥	1	0	2	0	0	0	0
价税合计(大写)	柒万零贰佰元整																¥70 200.00							

销货单位	名　称: 济宁市任城钢材公司 纳税人登记号: 370810272213158 地址、电 话: 济宁市任城区 开户行及账号: 工行太白路支行456712000056783		济宁市任城钢材公司 370810272213158 发票专用章

开票人:王莉　　　收款人:　　　复核:刘红　　　销货单位(章)

第三联 发票联

凭证 5-5

收料单

2017 年 12 月 2 日　　　　字 第 0010 号

供应单位:济宁任城钢材公司　　　　材料类别:原料及主要材料

材料编号	名称	规格	计量单位	数量 应收	数量 实收	实际成本 买价 单价	买价 金额	运杂费	其他	合计
015	钢材 C		吨	10	10	6 000	60 000			60 000

仓库负责人:李一　　记账:田明　　仓库保管员:王刚　　收料:田凯

记账联

凭证 5-6

商业承兑汇票（卡片） 1

出票日期（大写） 贰零壹柒年壹拾贰月零贰日　　汇票号码 第 号

出票人全称	济泰股份有限公司			收款人	全称	济宁市任城钢材公司		
出票人账号	9559900777666888899901				账号	456712000056783		
付款行全称	农业泰山区支行	行号			开户银行	工行太白路支行	行号	
汇票金额	人民币(大写)柒万零贰佰元整							
出票到期日	贰零壹捌年零叁月零贰日			付款人开户行	行号			
交易合同号码	08015				地址	山东泰安		
出票人 签章（济泰股份有限公司 财务专用章）				备注：				

百	十	万	千	百	十	元	角	分
	¥	7	0	2	0	0	0	0

此联承兑人(付款人)留存

凭证 5-7

商业承兑汇票 3

出票日期（大写） 贰零壹柒年壹拾贰月零贰日　　汇票号码 第 号

出票人全称	济泰股份有限公司			收款人	全称	济宁市任城钢材公司		
出票人账号	9559900777666888899901				账号	456712000056783		
付款行全称	农业泰山区支行	行号			开户银行	工行太白路支行	行号	
汇票金额	人民币(大写)柒万零贰佰元整							
出票到期日	贰零壹捌年零叁月零贰日			付款人开户行	行号			
交易合同号码	08015				地址	山东泰安		
备注：				负责人:王倩　　经办人:刘莉				

百	十	万	千	百	十	元	角	分
	¥	7	0	2	0	0	0	0

此联出票人留存

(3)12 月 3 日，济泰股份有限公司采购肥城特钢集团公司的钢材 C，材料已验收入库，款未付，资料见凭证 5-8 ~ 凭证 5-10。

凭证 5-8

山东省增值税专用发票
发票联

开票日期:2017 年 12 月 3 日　　　　No 04056634

购货单位	名　　称:济泰股份有限公司 纳税人登记号:370900000000898 地 址、电 话:泰安市青春创业园创业路108号 开户行及账号:中国农业银行泰山区支行955990077766688899901	密码区	(略)

商品或劳务名称	计量单位	数量	单价	金额 千	百	十	万	千	百	十	元	角	分	税率%	税额 千	百	十	万	千	百	十	元	角	分
钢材 C	吨	10	6 000				6	0	0	0	0	0	0	17				1	0	2	0	0	0	0
合　　计						¥	6	0	0	0	0	0	0	17			¥	1	0	2	0	0	0	0

价税合计(大写)	柒万零贰佰元整	¥70 200.00

销货单位	名　　称:肥城特钢集团公司 纳税人登记号:370910272213175 地址、电 话:肥城市肥城大街108号 开户行及账号:工商银行特钢办事处6045671200005678	备注	肥城特钢集团公司 370910272213175 发票专用章

开票人:田莉　　收款人:　　复核:刘红　　销货单位(章)

第二联 抵扣联

凭证 5-9

山东省增值税专用发票
发票联

开票日期:2017 年 12 月 3 日　　　　No 04056634

购货单位	名　　称:济泰股份有限公司 纳税人登记号:370900000000898 地 址、电 话:泰安市青春创业园创业路108号 开户行及账号:中国农业银行泰山区支行955990077766688899901	密码区	(略)

商品或劳务名称	计量单位	数量	单价	金额 千	百	十	万	千	百	十	元	角	分	税率%	税额 千	百	十	万	千	百	十	元	角	分
钢材 C	吨	10	6 000				6	0	0	0	0	0	0	17				1	0	2	0	0	0	0
合　　计						¥	6	0	0	0	0	0	0	17			¥	1	0	2	0	0	0	0

价税合计(大写)	柒万零贰佰元整	¥70 200.00

销货单位	名　　称:肥城特钢集团公司 纳税人登记号:370910272213175 地址、电 话:肥城市肥城大街108号 开户行及账号:工商银行特钢办事处6045671200005678	备注	肥城特钢集团公司 370910272213175 发票专用章

开票人:田莉　　收款人:　　复核:刘红　　销货单位(章)

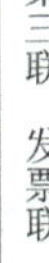

第三联 发票联

凭证 5-10

收 料 单

2017 年 12 月 3 日　　　　　　字 第 0011 号

供应单位:肥城特钢集团公司　　　　　　材料类别:原料及主要材料

材料编号	名称	规格	计量单位	数量		实际成本				
				应收	实收	买价		运杂费	其他	合计
						单价	金额			
015	钢材C		吨	10	10	6 000	60 000			60 000

记账联

仓库负责人:李一　　记账:田明　　仓库保管员:王刚　　收料:田凯

(4)12 月 4 日,济泰股份有限公司从泰安机电实业公司采购电气元件一批,款项未付,材料已经验收入库。对方给出 2/10,1/20,n/30 的现金折扣条件,折扣不包括增值税,资料见凭证 5-11 ~ 凭证 5-14。

凭证 5-11

山东省增值税专用发票
发票联

开票日期:2017 年 12 月 4 日　　　　　　№　04067890

购货单位	
名　　称	济泰股份有限公司
纳税人登记号	370900000000898
地 址、电 话	泰安市青春创业园创业路108号
开户行及账号	中国农业银行泰山区支行9559900777666888899901
密码区	(略)

商品或劳务名称	计量单位	数量	单价	金额 千	百	十	万	千	百	十	元	角	分	税率%	税额 千	百	十	万	千	百	十	元	角	分
电气元件	件	10	1 000				1	0	0	0	0	0	0	17					1	7	0	0	0	0
合　　计						¥	1	0	0	0	0	0	0	17				¥	1	7	0	0	0	0
价税合计(大写)	壹万壹仟柒佰元整																	¥11 700.00						

销货单位	
名　　称	泰安机电实业公司
纳税人登记号	370010272213159
地址、电　话	泰安市岱宗大街19号
开户行及账号	工商银行岱宗支行4567120000567812
备注	泰安机电实业公司 370010272213159 发票专用章

第二联 抵扣联

开票人:李霞　　收款人:　　复核:刘红　　销货单位(章)

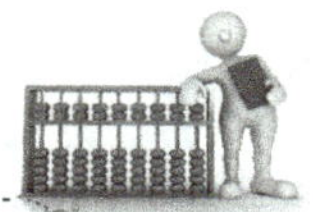

凭证 5-12

山东省增值税专用发票
发票联

开票日期:2017 年 12 月 4 日　　　　№　04067890

购货单位	名　　称:济泰股份有限公司 纳税人登记号:370900000000898 地 址、电 话:泰安市青春创业园创业路108号 开户行及账号:中国农业银行泰山区支行955990077766688899901	密码区	(略)

商品或劳务名称	计量单位	数量	单价	金额 千	百	十	万	千	百	十	元	角	分	税率%	税额 千	百	十	万	千	百	十	元	角	分
电气元件	件	10	1 000				1	0	0	0	0	0	0	17					1	7	0	0	0	0
合　　计						¥	1	0	0	0	0	0	0	17				¥	1	7	0	0	0	0
价税合计(大写)	壹万壹仟柒佰元整														¥11 700.00									

销货单位	名　　称:泰安机电实业公司 纳税人登记号:370010272213159 地址、电　话:泰安市岱宗大街19号 开户行及账号:工商银行岱宗支行4567120000567812	备注	泰安机电实业公司 370010272213159 发票专用章

开票人:李霞　　　　收款人:　　　　复核:刘红　　　　销货单位(章)

第三联　发票联

凭证 5-13

现金折扣协议

泰安机电实业公司给予济泰股份有限公司现金折扣“2/10，1/20，n/30”，泰安机电实业公司与济泰股份有限公司达成协议，计算现金折扣时不考虑增值税。

济泰股份有限公司　　　　泰安机电实业公司 业务章

2017 年 12 月 4 日　　　　2017 年 12 月 4 日

凭证 5-14

收 料 单

2017 年 12 月 4 日　　　　字 第 0012 号

供应单位:泰安机电实业公司　　　　材料类别:原料及主要材料

材料编号	名称	规格	计量单位	数量 应收	数量 实收	实际成本 买价 单价	买价 金额	运杂费	其他	合计
016	电气元件		件	10	10	1 000	10 000			10 000

仓库负责人:李一　　记账:田明　　仓库保管员:王刚　　收料:田凯

记账联

(5)12 月 4 日缴纳 11 月份的增值税,资料见凭证 5-15。

凭证 5-15

中华人民共和国税收通用缴款书

隶属关系:　　　　　　　　　　　　　　　　　　　　鲁国缴字10002269　国

注册类型:股份有限公司　填发日期:2011 年 12 月 4 日　　　征收机关:泰安市岱岳区国税局

<table>
<tr><td rowspan="4">缴款单位(人)</td><td>代　码</td><td colspan="2">370900000000898</td><td rowspan="3">预算科目</td><td>编　码</td><td colspan="2">20111215</td></tr>
<tr><td>全　称</td><td colspan="2">济泰股份有限公司</td><td>名　称</td><td colspan="2">企业增值税</td></tr>
<tr><td>开户银行</td><td colspan="2">中国农业银行泰山区支行</td><td>级　次</td><td colspan="2">省级</td></tr>
<tr><td>账　号</td><td colspan="2">9559900777666888899901</td><td colspan="2">收缴国库</td><td colspan="2">泰安支库</td></tr>
<tr><td colspan="2">税款所属时间</td><td colspan="2">2017年11月1日—2017年11月30日</td><td colspan="2">税款限缴日期:</td><td colspan="2">2017年　12 月 4 日</td></tr>
<tr><td colspan="2">品目名称</td><td>课税数量</td><td>计税金额或销售收入</td><td colspan="2">税率或单位税额</td><td>已缴或扣除额</td><td>实缴金额</td></tr>
<tr><td colspan="2">增值税</td><td></td><td>3 000 000</td><td colspan="2">17%</td><td>310 000</td><td>¥200 000</td></tr>
<tr><td colspan="2">金额合计</td><td colspan="5">人民币(大写)贰拾万元整</td><td></td></tr>
<tr><td colspan="2">缴款单位(人)
(盖章)
经办人(章)</td><td>税务机关
(盖章)
填票人(章)</td><td colspan="3">上列款项已收妥并划转收款单位帐户
国库(银行)盖章
2017年12月6日</td><td colspan="2"></td></tr>
</table>

第一联(收据)国库(银行)收款盖章后退交款单位(个人)作完税凭证

(6)12 月 4 日缴纳 11 月份的房产税,资料见凭证 5-16。

凭证 5-16

中华人民共和国税收通用缴款书

隶属关系:　　　　　　　　　　　　　　　　　　　　　　鲁国缴字10002269　地

注册类型:股份有限公司　填发日期:2011 年 12 月 4 日　　征收机关:泰安市岱岳区国税局

<table>
<tr><td rowspan="4">缴款单位(人)</td><td>代码</td><td>370900000000898</td><td rowspan="3">预算科目</td><td>编码</td><td>20111216</td></tr>
<tr><td>全称</td><td>济泰股份有限公司</td><td>名称</td><td>企业营业税</td></tr>
<tr><td>开户银行</td><td>中国农业银行泰山区支行</td><td>级次</td><td>省级</td></tr>
<tr><td>账号</td><td>955990077766688899901</td><td colspan="2">收缴国库</td><td>泰安支库</td></tr>
<tr><td colspan="2">税款所属时间</td><td colspan="2">2017年11月1日—2017年11月30日</td><td colspan="2">税款限缴日期: 2017年 12月 4日</td></tr>
</table>

<table>
<tr><td>品目名称</td><td>课税数量</td><td>计税金额或销售收入</td><td>税率或单位税额</td><td>已缴或扣除额</td><td>实缴金额</td></tr>
<tr><td>房产税</td><td></td><td>100000.00</td><td>1.2%</td><td></td><td>¥12 000</td></tr>
<tr><td>金额合计</td><td colspan="4">人民币(大写)壹万贰仟元整</td><td></td></tr>
<tr><td>缴款单位(人)
(盖章)
经办人(章)</td><td colspan="2">税务机关
(盖章)
填票人(章)</td><td colspan="2">上列款项已收妥并划转收款单位帐户
国库(银行)盖章
2017年12月6日</td><td></td></tr>
</table>

第一联(收据)国库(银行)收款盖章后退交款单位(个人)作完税凭证

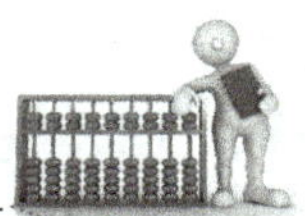

(7)12 月 4 日计算并缴纳 11 月份的城建税及教育附加,资料见凭证 5-17 和凭证 5-18。

凭证 5-17

中华人民共和国税收通用缴款书

隶属关系:　　　　　　　　　　　　　　　　　鲁地缴字10002260 

注册类型:股份有限公司　填发日期:2011 年 12 月 4 日　征收机关:泰安市岱岳区地税局

缴款单位(人)			预算科目		
	代　码	370900000000898		编　码	20111216
	全　称	济泰股份有限公司		名　称	城市维护建设税
	开户银行	中国农业银行泰山区支行		级　次	市级
	账　号	955990077766688899901	收缴国库		泰安支库
税款所属时间	2017年11月1日—2017年11月30日		税款限缴日期:	2017年　12 月 4 日	

品目名称	课税数量	计税金额或销售收入	税率或单位税额	已缴或扣除额	实缴金额
城市维护建设税		200 000	7%		¥14 000
金额合计	人民币(大写)壹万肆仟元整				
缴款单位(人)(盖章) 经办人(章)	税务机关(盖章) 填票人(章)	上列款项已收妥并划转收款单位帐户 国库(银行)盖章 2017年12月6日			

第一联(收据)国库(银行)收款盖章后退交款单位(个人)作完税凭证

凭证 5-18

中华人民共和国税收通用缴款书

隶属关系：　　　　　　　　　　　　　　　　　　　鲁地缴字10002260　　地

注册类型：股份有限公司　填发日期：2011 年 12 月 4 日　　　征收机关：泰安市岱岳区地税局

缴款单位（人）			预算科目		
	代　码	370900000000898		编　码	20111216
	全　称	济泰股份有限公司		名　称	教育费附加
	开户银行	中国农业银行泰山区支行		级　次	市级
	账　号	95599007776668889901	收缴国库		泰安支库

税款所属时间	2017年11月1日—2017年11月30日	税款限缴日期：	2017年　12 月 6 日

品目名称	课税数量	计税金额或销售收入	税率或单位税额	已缴或扣除额	实缴金额
教育费附加		200 000	3%		¥6 000
金额合计	人民币（大写）陆仟元整				
缴款单位（人）（盖章）经办人（章）	税务机关（盖章）填票人（章）	上列款项已收妥并划转收款单位账户　国库（银行）盖章　2017年12月6日			

第一联（收据）国库（银行）收款盖章后退交款单位（个人）作完税凭证

（8）12 月 5 日将 11 月份的工资转到职工的工资卡，资料见凭证 5-19 和凭证 5-20。

凭证 5-19

工资结算汇总表

2017 年 11 月　　　　　　　　单位：元

车间或部门		计时工资	计件工资	奖金	津贴补贴	缺勤扣款	应付工资	代扣款：水费	代扣款：保险费	代扣款：公积金	实发工资
基本车间	生产	100 000	20 000	8 000	2 000	2 200	127 800	3 000	2 000	12 780	110 020
	管理	60 000		4 000	1 000	1 200	63 800	2 000	1 000	6 380	54 420
辅助车间	生产	120 000	10 000	6 000	5 000	2 000	139 000	4 000	3 000	13 900	118 100
	管理	50 000		3 000	2 000	1 000	54 000	1 000	1 200	5 400	46 400
公司管理人员		25 000		5 000	3 000		33 000	3 000	2 500	3 300	24 200
专设销售机构		6 000		4 000	3 000		13 000	3 000	2 000	1 300	6 700
合　计		361 000	30 000	30 000	16 000	6 400	430 600	16 000	11 700	43 060	359 840

会计主管：王倩　　　　人力资源部：汪海　　　　制单：刘莉

凭证 5-20

中国农业银行转账**支票存根**

支票号码 NO.01172602

科　　目 ____________

对方科目 ____________

出票日期 2017年12月5日

收款人:济泰股份有限公司职工
金　额:¥359 840.00 元
用　途:支付工资

单位主管: 王倩　　会计: 田明

(9)12 月 6 日,开出转账支票支付泰安机电实业公司电器元件款。资料见凭证 5-21 和凭证 5-22。

凭证 5-21

中国农业银行**转账支票存根**

支票号码 NO. 01172603

科　　目 ____________

对方科目 ____________

出票日期 2017年12月6日

收款人:泰安机电实业公司
金　额:¥11 500.00
用　途:支付货款

单位主管: 王倩　　会计: 田明

凭证 5-22(复印件)

现金折扣协议

泰安机电实业公司给予济泰股份有限公司现金折扣“2/10, 1/20, n/30”。泰安机电实业公司与济泰股份有限公司达成协议,计算现金折扣时不考虑增值税。

2017 年 12 月 4 日　　　　2017 年 12 月 4 日

(10)12 月 5 日,开出转账支票支付泰安轴承厂货款 20 000 元,资料见凭证 5-23。

凭证 5-23

中国农业银行**转账支票存根**

支票号码 NO.01172604

科　　目 ______

对方科目 ______

出票日期 2017年12月5日

收款人:泰安轴承厂
金　额:¥20 000.00
用　途:支付货款

单位主管: 王倩　　　会计: 田明

(11)12月6日,开出转账支票支付国泰会计教育中心职工会计培训费2 000元,资料见凭证5-24和凭证5-25。

凭证 5-24

山东省行政事业单位统一收据

2017年12月6日　　　　　　第 021 号

交款单位或姓名	济泰股份有限公司	
款项内容	会计人员培训费	
金 额	人民币（大写）贰仟元整	¥2 000.00

②客户联

收款单位公章　　　　　　收款　海明　　　　交款　王辉

凭证 5-25

中国农业银行**转账支票存根**

支票号码 NO.01172605

科　　目 ______

对方科目 ______

出票日期 2017年12月6日

收款人:国泰会计教育中心
金　额:¥2 000.00
用　途:会计培训费

单位主管:王倩　　　会计:田明

(12)12 月 6 日,济泰股份有限公司出租给泰安开关厂包装物一批,收取押金 2 000 元,存入银行,资料见凭证 5-26 和凭证 5-27。

凭证 5-26

济泰股份有限公司收据

2017 年 12 月 6　日　　　　第 031 号

交款单位或姓名	泰安开关厂	
款项内容	包装物押金	
金　额	人民币(大写)贰仟元整	¥2 000. 00

②客户联

(印章:济泰股份有限公司 财务专用章)

收款单位公章　　　收款:海明　　　交款:王辉

凭证 5-27

中国农业银行进账单(加单或收账通知)

2017 年 12 月 6 日　　　　第 031 号

收款人	全　称	济泰股份有限公司	付款人	全　称	泰安开关厂
	账　号	9559900777666888899901		账　号	457812345
	开户银行	中国农业银行泰山区支行		开户银行	工行泰安分行

人民币(大写)贰仟元整	千	百	十	万	千	百	十	元	角	分
				¥	2	0	0	0	0	0

票据种类	支票	收款人开户行盖章
票据张数	1 张	
单位主管　会计　复核　记账		

(印章:中国农业银行股份有限公司 泰安泰山区支行 业务办讫章)

回单或收账通知

此联是收款人开户行交给收款人

(13)12 月 7 日,济泰股份有限公司收到济南市园林公司的预付货款 50 000 元,汇款已收到,资料见凭证 5-28。

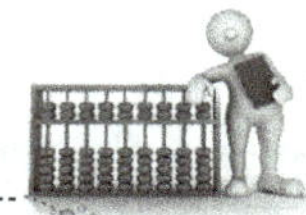

凭证 5-28

中国工商银行电汇凭证(收账通知)

2017 年 12 月 7 日　　　　第 041 号

<table>
<tr><td rowspan="4">付款人</td><td>全　称</td><td>济南市园林公司</td><td rowspan="4">收款人</td><td>全　称</td><td colspan="10">济泰股份有限公司</td></tr>
<tr><td>账　号</td><td>8912345678120</td><td>账　号</td><td colspan="10">955990077766688899901</td></tr>
<tr><td>开户银行</td><td>工行济南分行</td><td>开户银行</td><td colspan="10">中国农业银行泰山区支行</td></tr>
<tr><td>汇出地点</td><td>济南市</td><td>汇入地点</td><td colspan="10">山东泰安</td></tr>
<tr><td rowspan="2">金额</td><td colspan="4" rowspan="2">人民币(大写)伍万元整</td><td>千</td><td>百</td><td>十</td><td>万</td><td>千</td><td>百</td><td>十</td><td>元</td><td>角</td><td>分</td></tr>
<tr><td></td><td></td><td>¥</td><td>5</td><td>0</td><td>0</td><td>0</td><td>0</td><td>0</td><td>0</td></tr>
<tr><td colspan="2">款项性质</td><td colspan="2">预收货款</td><td colspan="11">汇出行盖章
中国工商银行股份有限公司
2017 年 12 月 14 日
业务办讫章</td></tr>
<tr><td colspan="4">单位主管　会计　复核　记账</td><td colspan="11"></td></tr>
</table>

此联是银行给收款人的收账通知

(14)12 月 8 日,济泰股份有限公司从中国农业银行借入一笔专门借款,本金 600 000 元,期限 2 年,年利率 6%,单利计息,利息按年预提,到期随本金一次性支付,资料见凭证 5-29 和凭证 5-30。

凭证 5-29

中国农业银行借款合同

借款方(简称甲方):济泰股份有限公司

贷款方(简称乙方):中国农业银行股份有限公司泰山区支行

担保方(简称丙方):长江实业有限公司

甲方为建造厂房,特向乙方申请借款,经乙方审查同意发放。为明确双方责任,恪守信用,特签订本合同,共同遵守。

一、甲方向乙方借款人民币(大写)元陆拾万元整,规定用于厂房建造。

二、借款期限约定为两年,即从二零一七年十二月八日至二零一九年十二月八日。甲方保证按规定用途使用资金。

三、贷款利息自支用贷款之日起,以实际贷款数按年息6%计算,单利计息,利息按年预提,到期随本金一并支付。

四、甲方保证按还款计划归还贷款本金和利息,甲方如不能按期偿还,乙方有权从甲方的存款户中扣收。

五、违约责任(略)。

本合同自签订之日起,贷款本息全部偿还后失效。

本合同正本一式三份,贷款方,借款方,保证方各执一份;合同副本一式,报送等有关单位(如经公证或鉴证,应送公证或鉴证机关)各留存一份。

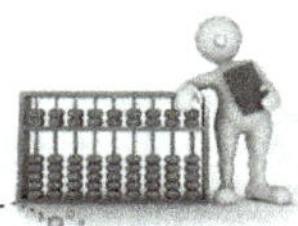

凭证 5-30

中国农业银行借款借据(收账通知)

借款企业名称：济泰股份有限公司　　　　2017 年 12 月 8 日

<table>
<tr><td>贷款种类</td><td>基建贷款</td><td rowspan="3">借款人</td><td>名　称</td><td colspan="10">济泰股份有限公司</td></tr>
<tr><td rowspan="2">贷款账号</td><td rowspan="2">8559900777634265912154</td><td>账　号</td><td colspan="10">9559900777666888899901</td></tr>
<tr><td>开户银行</td><td colspan="10">中国农业银行泰山区支行</td></tr>
<tr><td colspan="4" rowspan="2">借款金额：人民币(大写)陆拾万元整</td><td>千</td><td>百</td><td>十</td><td>万</td><td>千</td><td>百</td><td>十</td><td>元</td><td>角</td><td>分</td></tr>
<tr><td></td><td>¥</td><td>6</td><td>0</td><td>0</td><td>0</td><td>0</td><td>0</td><td>0</td><td>0</td></tr>
<tr><td>用途</td><td>建造厂房</td><td colspan="12" rowspan="3">单位分录
(借)
(贷)
单位主管　会计　复核　记账
2017 年 12　月 8　日</td></tr>
<tr><td colspan="2">约定还款期限：期限2年，于2019年12月8日到期</td></tr>
<tr><td colspan="2">上列借款已批准发放，转入你单位存款账户
此致
单位
中国农业银行股份有限公司 泰安泰山区支行
(银行签章)
业务办讫章</td></tr>
</table>

(15)2017 年 12 月 9 日济泰股份有限公司发行 5 年期公司债券(济泰 17 债)1 000 000 元，用于补充生产经营资金的不足，票面年利率为 10%，济泰股份有限公司发行债券时市场利率为 8%，债券的发行价格为 1 266 600 元，款项入账，资料见凭证 5-31 ~ 凭证 5-33。

凭证 5-31

公司债券发行方案申请书(摘要)

一、发行主体：济泰股份有限公司

二、债券名称：2017 年济泰股份有限公司公司债券(简称“济泰 17 债”)。

三、发行规模：人民币100万元。

四、债券期限：5年。

五、债券票面利率为 10%，按年计息，每年付息一次，不计复利，到期一次还本，最后一期利息随本金的兑付一起支付。

六、发行价格为 126.66 万元。

七、本次公司债券的发行期间为 2017 年 12 月 1 日至 2017 年 12 月 9 日。

八、本次公司债券的承销机构为中国农业银行股份有限公司泰安市分公司。

泰山公司法人代表：田振国　　　　承销单位法人代表：刘立强

济泰股份有限公司(章)

2017 年 11 月 10 日

承销单位(盖章)

2017 年 11 月 15 日

凭证 5-32

关于核准济泰股份有限公司公开发行公司债券的批复

证监许可〔2017〕019280号

济泰股份有限公司：

你公司报送的《济泰股份有限公司关于公开发行公司债券的申请报告》及相关文件收悉。根据《公司法》《证券法》和《公司债券发行试点办法》(证监会令第49号)等有关规定，经审核，现批复如下：

一、核准你公司向社会公开发行面值不超过100万元的公司债券(济泰17债)。

二、你公司发行公司债券应严格按照报送我会的募集说明书及发行公告进行。

三、本批复自核准发行之日起6个月内有效。

四、本批复自核准发行之日起至公司债券发行结束前，你公司如发生影响本次债券发行的重大事项，应及时报告我会并按有关规定处理。

中国证券监督管理委员会

二○一七年十二月九日

凭证 5-33

中国农业银行进账单(收账通知)

2017 年 12 月 9 日　　　　第 035 号

收款人	全称	济泰股份有限公司	付款人	全称	中国农业银行股份有限公司泰安市分公司
	账号	95599007776668889901		账号	95599007776668899987
	开户银行	中国农业银行泰山区支行		开户银行	中国农业银行股份有限公司泰安市分公司

人民币(大写)	千	百	十	万	千	百	十	元	角	分
壹佰贰拾陆万陆仟陆佰元整	¥	1	2	6	6	6	0	0	0	0

票据种类		收款人开户行盖章
票据张数		
单位主管　会计　复核　记账		中国农业银行股份有限公司泰安市分公司 业务办讫章

此联是收款人开户行交给收款人 收账通知

(16)12 月 10 日，济泰股份有限公司由于资金紧张，与济南钢铁有限公司达成债务重组协议，济泰股份有限公司欠济南钢铁有限公司的 200 000 元，济泰股份有限公司偿还 190 000 元，余款不再追究。济泰股份有限公司于 12 月 10 日当日支付款项 。资料见凭证 5-34 和凭证 5-35。

凭证 5-34

债务重组协议

甲方(债权人):济南钢铁有限公司

乙方(债务人):济泰股份有限公司

1. 乙方于2016年12月8月因向甲方采购形成200 000. 00元的应付账款没能按期偿还，直至今日。因财务困难，乙方向甲方申请债务重组，为了保障债权人(甲方)最大限度的收回债权，同时也为了缓解债务人(乙方)的财务困难，经协商，双方达成如下协议:

甲方同意乙方以壹拾玖万元(¥190 000 元)清偿所欠甲方款项贰拾万元整(¥200 000 元)，余款 10 000 元甲方做出让步，不再追还，债务重组后，双方仍保持贸易往来。

2. 本协议签订后，乙方即付该款项。

3. 本协议经双方签署后即生效。

甲方:济南钢铁厂　　　　乙方:济泰股份有限公司

法人代表(签字):李华天　　　　法人代表(签字):田振国

2017 年 12 月 10 日　　　　2017 年 12 月 10 日

凭证 5-35

中国农业银行电汇凭证(回单)

<table>
<tr><td rowspan="3">汇款人</td><td>全　　称</td><td colspan="3">济泰股份有限公司</td><td rowspan="3">收款人</td><td>全　　称</td><td colspan="9">济南钢铁有限公司</td></tr>
<tr><td>账　　号</td><td colspan="3">95599007776668899901</td><td>账　　号</td><td colspan="9">85599007776668899907</td></tr>
<tr><td>汇出地点</td><td>泰安</td><td>汇出行名称</td><td>农行泰山区支行</td><td>汇入地点</td><td>济南</td><td>汇入行名称</td><td colspan="7">中国建设银行工业路支行</td></tr>
<tr><td colspan="6" rowspan="2">人民币(大写)壹拾玖万元整</td><td>千</td><td>百</td><td>十</td><td>万</td><td>千</td><td>百</td><td>十</td><td>元</td><td>角</td><td>分</td></tr>
<tr><td></td><td>¥</td><td>1</td><td>9</td><td>0</td><td>0</td><td>0</td><td>0</td><td>0</td><td>0</td></tr>
<tr><td colspan="6" rowspan="2">汇出行盖章
中国农业银行股份有限公司
泰安泰山区支行
业务办讫章</td><td colspan="10">支付密码</td></tr>
<tr><td colspan="10">附加信息及用途
支付债务重组款项
复核　　　　记账</td></tr>
</table>

此联是汇出银行交给汇款单位的回单

(17)12 月 10 日,济泰股份有限公司与济南钢铁有限公司达成债务重组协议,济泰股份有限公司用自产的一台挖掘机偿还对济南钢铁有限公司的货款,挖掘机的市场价是 200 000 元,成本是 140 000 元,资料见凭证 5-36～凭证 5-38。

凭证 5-36

债务重组协议

甲方(债权人):济南钢铁有限公司

乙方(债务人):济泰股份有限公司

1. 乙方于 2015 年 12 月 10 月因向甲方采购形成 250 000.00 元的应付账款没能按期偿还,直至今日。因财务困难,乙方向甲方申请债务重组,为了保障债权人(甲方)最大限度的收回债权,同时也为了缓解债务人(乙方)的财务困难,经协商,双方达成如下协议:

甲方同意乙方于协议签署日 以一台市场价值为 200 000 元的挖掘机抵偿债务,余款甲方做出让步,不再追还,债务重组后,双方仍保持贸易往来。

2. 本协议签订后,乙方即付该款项。

3. 本协议经双方签署后即生效。

甲方:济南钢铁有限公司　　　　乙方:济泰股份有限公司

法人代表(签字):李华天　　　　法人代表(签字):田振国

2017 年 12 月 10 日　　　　2017 年 12 月 10 日

凭证 5-37

山东省增值税专用发票

发票联

开票日期:2017 年 12 月 10 日　　　　No　07564061

购货单位	名　　称:济南钢铁有限公司 纳税人登记号:370110000000798 地 址、电 话:济南市工业路5577号 开户行及账号:中国建设银行工业路支行855990077766688899907	密码区	(略)

商品或劳务名称	计量单位	数量	单价	金额 千	百	十	万	千	百	十	元	角	分	税率%	税额 千	百	十	万	千	百	十	元	角	分
挖掘机	台	1	200 000			2	0	0	0	0	0	0	0	17				3	4	0	0	0	0	0
合　计					¥	2	0	0	0	0	0	0	0	17			¥	3	4	0	0	0	0	0
价税合计(大写)	贰拾叁万肆仟元整																		¥234 000.00					

销货单位	名　　称:济泰股份有限公司 纳税人登记号:370900000000898 地 址、电 话:泰安市青春创业园创业路108号 开户行及账号:中国农业银行泰山区支行955990077766688899901	备注	济泰股份有限公司 370900000000898 发票专用章

第一联 记账联

开票人:李三　　收款人:　　复核:刘红　　销货单位(章)

凭证 5-38

产品出库单

用途:债务重组　　　　2017 年 12 月 6 日　　　　第 100 号

产品名称	计量单位	数量	单位成本(元)	金额(元)
挖掘机	台	1	140 000	140 000
合　计		1	140 000	140 000

仓库负责人:李一　　　　记账:田明　　　　仓库保管员:王刚

(18)12 月 18 日,济泰股份有限公司与北京钢铁有限公司达成协议,济泰股份有限公司用 70 吨钢材 C 偿还北京钢铁有限公司的债务,该材料账面价值 420 000 元,市场价格为 420 000 元,资料见凭证 5-39 ~ 凭证 5-41。

凭证 5-39

债务重组协议

甲方(债权人):北京钢铁有限公司

乙方(债务人):济泰股份有限公司

1. 乙方于 2015 年 12 月 10 月因向甲方采购形成 500 000.00 元的应付账款没能按期偿还,直至今日。因财务困难,乙方向甲方申请债务重组,为了保障债权人(甲方)最大限度的收回债权,同时也为了缓解债务人(乙方)的财务困难,经协商,双方达成如下协议:

甲方同意乙方于协议签署日以其钢材 C 清偿所欠甲方款项¥500 000 元(人民币伍拾万元整)。钢材C 市场价值 420 000 元(人民币肆拾贰万元整)。双方同意以此评估值所确定的数额为依据,清偿所欠甲方款项,余款甲方做出让步,不再追还,债务重组后,双方仍保持贸易往来。

2. 本协议签订后,乙方即付该款项。

3. 本协议经双方签署后即生效。

北京钢铁有限公司

甲方:北京钢铁有限公司

法人代表(签字):李伟

2017 年 12 月 18 日

乙方:济泰股份有限公司

法人代表(签字):田振国

2017 年 12 月 18 日

凭证 5-40

山东省增值税专用发票
发票联

开票日期:2017年12 月18日　　　　No 07564062

购货单位	名　　　称:北京钢铁有限公司 纳税人登记号:3109000000125887 地 址、电 话:万寿路 156 号 开户行及账号:工行海淀区支行 260690026895599007776	密码区	(略)

商品或劳务名称	计量单位	数量	单价	金额 千	百	十	万	千	百	十	元	角	分	税率%	税额 千	百	十	万	千	百	十	元	角	分
钢材 C	吨	70	6 000			4	2	0	0	0	0	0	0	17				7	1	4	0	0	0	0
合　　计					¥	4	2	0	0	0	0	0	0	17			¥	7	1	4	0	0	0	0
价税合计(大写)	肆拾玖万壹仟肆佰元整																¥491 400.00							

销货单位	名　　　称:济泰股份有限公司 纳税人登记号:370900000000898 地址、电　话:泰安市青春创业园创业路108号 开户行及账号:中国农业银行泰山区支行955990077766688899901	备注	济泰股份有限公司 370900000000898 发票专用章

开票人:李三　　　收款人:　　　复核:刘红　　　销货单位(章)

第一联　记账联

凭证 5-41

领　料　单

领料部门:销售部门　　　开票日期:2017 年 12 月 31 日　　　字第 0099 号

材料编号	材料名称	规格	单位	请领数量	实发数量	实际成本 实际单价	金额
079	钢材 C		吨	70 吨	70 吨	6 000	420 000.00

用途	领料部门		发料部门	
债务重组	领料单位负责人	领料人	核准人	发料人
	孙力	王强	张坤	田凯

第二联　会计记账联

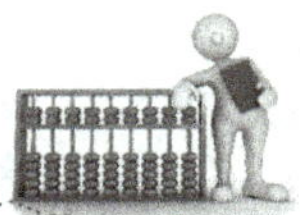

(19)12 月 31 日,中国农业银行购买的济泰股份有限公司 2015 年 12 月 31 日发行的面值 500 000 元,发行价格 507 920 元,票面利率 6%,实际利率为 5%(单利计息),期限 2 年,利息到期随本金一次性偿还的债券(济泰 15 债)到期,对本债券进行计息、摊销,并将债券本金及利息偿还给中国农业银行,资料见凭证 5-42。

凭证 5-42

中国农业银行**特种转账**借方凭证(付款通知)

2011 年 12 月 31 日　　　　第 037 号

<table>
<tr><td rowspan="3">付款人</td><td>全称</td><td>济泰股份有限公司</td><td rowspan="3">收款人</td><td>全称</td><td colspan="10">中国农业银行股份有限公司泰安市分公司</td></tr>
<tr><td>账号</td><td>955990077766688899901</td><td>账号</td><td colspan="10">955990077766688899987</td></tr>
<tr><td>开户银行</td><td>中国农业银行泰山区支行</td><td>开户银行</td><td colspan="10">中国农业银行泰安市分公司</td></tr>
<tr><td rowspan="2">委收金额</td><td colspan="4" rowspan="2">人民币(大写)伍拾陆万元整</td><td>千</td><td>百</td><td>十</td><td>万</td><td>千</td><td>百</td><td>十</td><td>元</td><td>角</td><td>分</td></tr>
<tr><td></td><td>¥</td><td>5</td><td>6</td><td>0</td><td>0</td><td>0</td><td>0</td><td>0</td><td>0</td></tr>
<tr><td>款项性质</td><td colspan="2">债券本金及利息款</td><td colspan="12" rowspan="3">根据协议上列款项已由付款单位开户行付出。
付款人开户行盖章</td></tr>
<tr><td>附寄单证张数</td><td colspan="2"></td></tr>
<tr><td colspan="3">备注:
单位主管　　会计　　复核　　记账</td></tr>
</table>

中国农业银行股份有限公司 泰安泰山区支行 业务办理章

付账通知

此联是付款人开户行交给付款人

(20)12 月 31 日,计算 2017 年 1 月 1 日从中国工商银行借入的办公楼工程专门借款 400 000 元,借款当日工程领用 300 000 元,其余专门借款闲置,填制凭证 5-43 并编制记账凭证(单利计息,利息到期随本金一并支付)。

凭证 5-43

专门借款利息计算单

2017 年 12 月 31 日　　　　单位:元

<table>
<tr><td rowspan="2">项目</td><td rowspan="2">借款本金</td><td rowspan="2">借款年利率</td><td rowspan="2">计息期</td><td rowspan="2">利息</td><td colspan="3">闲置资金收益</td><td rowspan="2">资本化金额</td></tr>
<tr><td>闲置本金</td><td>月收益率</td><td>闲置资金收益额</td></tr>
<tr><td>专门借款</td><td>400 000</td><td>7%</td><td>2017 年 1. 1-12. 31</td><td></td><td>100 000</td><td>0. 3%</td><td></td><td></td></tr>
<tr><td>合计</td><td></td><td></td><td></td><td></td><td></td><td></td><td></td><td></td></tr>
</table>

会计主管:王倩　　　　制单:刘莉

(21)12 月 31 日,计算并支付 2017 年 1 月 1 日从农业银行借入 2 000 000,期限 2 年,年利率 12% ,利息按年支付,到期偿还本金和最后一期利息,资料见凭证 5-44。

凭证 5-44

中国农业银行计付利息通知单(付款通知)

2017 年 12 月 31 日　　第 13 号

单位名称	济泰股份有限公司	结算户	
计息起止日期	2017 年 1 月 1 日—2017 年 12 月 31 日		
存款户账号	借款本金	利率	利息金额
955990077766688899901	2 000 000	12%	240 000.00
上述借款利息已按规定从你单位账户划出。 此致 贷款单位(银行盖章)　复核　记账			

中国农业银行股份有限公司 泰安泰山区支行 业务办讫章

(22)12 月 31 日,分配本月工资薪酬费用,(基本生产车间生产工人工资薪酬由铲车承担 60% ,挖掘机承担 40%)资料见凭证 5-45 和凭证 5-46。

凭证 5-45

工资薪酬结算汇总表

2017 年 12 月　　单位:元

车间或部门		计时工资	计件工资	奖金	津贴补贴	缺勤扣款	应付工资	代扣款			实发工资
								水费	保险费	公积金	
基本车间	生产	100 000	20 000	6 000	2 000	2 200	125 800	2 000	13 838	12 580	97 382
	管理	60 000		3 000	1 000	1 200	62 800	1 000	6 908	6 280	48 612
辅助车间	生产	120 000	10 000	5 000	5 000	2 000	138 000	3 000	15 180	13 800	106 020
	管理	50 000		2 000	2 000	1 000	53 000	1 000	5 830	5 300	40 870
公司管理人员		25 000		4 000	3 000		32 000	2 000	3 520	3 200	23 280
专设销售机构		6 000		3 000	3 000		12 000	2 000	1 320	1 200	7 480
合　计		361 000	30 000	23 000	16 000	6 400	423 600	11 000	46 596	42 360	323 644

会计主管:王倩　　人力资源部:汪海　　制单:刘莉

凭证 5-46

工资薪酬费用分配表

2017 年 12 月　　　　单位:元

车间 部门 应借科目	铲车	挖掘机	基本生产车间	辅助生产车间	公司管理人员	专设销售机构	合　计
生产成本—基本生产成本	75 480	50 320					125 800
生产成本—辅助生产成本				138 000			138 000
制造费用			62 800	53 000			115 800
管理费用					32 000		32 000
销售费用						12 000	12 000
合　计	75 480	50 320	62 800	191 000	32 000	12 000	423 600

会计主管:王倩　　　　制单:刘莉

(23)12 月 31 日,计提工会经费、职工教育经费,资料见凭证 5-47。

凭证 5-47

工资薪酬附加费计算分配表

2017 年 12 月 31 日　　　　单位:元

应借科目 \ 项目		应付工资总额	应提工会经费		应提职工教育经费	
			计提比例	金额	计提比例	金额
基本车间	铲车	75 480	2%	1 509.6	1.5%	1 132.2
	挖掘机	50 320	2%	1 006.4	1.5%	754.8
	小计	125 800	2%	2 516	1.5%	1 887
	管理	62 800	2%	1 256	1.5%	942
辅助车间	生产	138 000	2%	2 760	1.5%	2 070
	管理	53 000	2%	1 060	1.5%	795
公司管理人员		32 000	2%	640	1.5%	480
专设销售机构		12 000	2%	240	1.5%	180
合　计		423 600	2%	8 472	1.5%	6 354

会计主管:王倩　　　　制单:刘莉

(24)12 月 31 日,计提职工住房公积金,资料见凭证 5-48。

凭证 5-48

住房公积金计提表

2017 年 12 月 31 日　　　　单位:元

应借科目 \ 项目		应付工资总额	住房公积金			
			单位负担		个人负担	
			比例	金额	比例	金额
基本车间	铲车	75 480	10%	7 548	10%	7 548
	挖掘机	50 320	10%	5 032	10%	5 032
	小计	125 800	10%	12 580	10%	12 580
	管理	62 800	10%	6 280	10%	6 280
辅助车间	生产	138 000	10%	13 800	10%	13 800
	管理	53 000	10%	5 300	10%	5 300
公司管理人员		32 000	10%	3 200	10%	3 200
专设销售机构		12 000	10%	1 200	10%	1 200
合　计		423 600	10%	42 360	10%	42 360

会计主管:王倩　　　　制单:刘莉

(25)12 月 31 日,缴纳住房公积金,资料见凭证 5-49。

凭证 5-49

山东省住房公积金专用收款票据

（印章：全国统一票据监制章 山东省）

流水线:3709024249278　　开据时间:2017 年 12 月 31 日　　NO:1230000789

缴款单位:济泰股份有限公司　　经济类型:股份有限公司　　金额单位:元

收费项目	起始年月	终止年月	人数	单位缴纳额	个人缴纳额	滞纳金	利息	合计金额
住房公积金	201712	201712	100	42 360	42 360			84 720
合计(大写)人民币捌万肆仟柒佰贰拾元整					¥84 720.00			

（印章：山东省泰安市住房公积金管理中心 2017.12.31 业务专用章）

收款单位(章):　　财务审核人:　　业务复核人:　　操作人:方雷

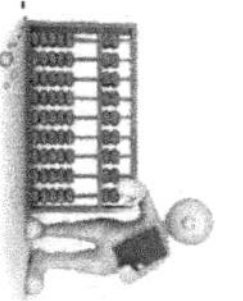

(26)计提职工保险费,资料见凭证5-50。

凭证5-50

职工保险费计提表

2017年12月31日　　　　单位:元

项目/应借科目		应付工资总额	养老保险				失业保险				医疗保险				工伤保险		生育保险		合计		
			单位负担		个人负担		单位负担		个人负担		单位负担		个人负担		单位负担		单位负担		单位负担	个人负担	总计
			比例	金额	比例	金额	比例	金额	比例	金额	比例	金额	比例	金额	比例	金额	比例	金额			
基本车间	铲车	75 480	20%	15 096	8%	6 038.4	2%	1 509.6	1%	754.8	6%	4 528.8	2%	1 509.6	2%	1 509.6	1%	754.8	23 398.8	8 302.8	31 701.6
	挖掘机	50 320	20%	10 064	8%	4 025.6	2%	1 006.4	1%	503.2	6%	3 019.2	2%	1 006.4	2%	1 006.4	1%	503.2	15 599.2	5 535.2	21 134.4
	小计	125 800	20%	25 160	8%	10 064	2%	2 516	1%	1 258	6%	7 548	2%	2 516	2%	2 516	1%	1 258	38 998	13 838	52 836
	管理	62 800	20%	12 560	8%	5 024	2%	1 256	1%	628	6%	3 768	2%	1 256	2%	1 256	1%	628	19 468	6 908	26 376
辅助车间	生产	138 000	20%	27 600	8%	11 040	2%	2 760	1%	1 380	6%	8 280	2%	2 760	2%	2 760	1%	1 380	42 780	15 180	57 960
	管理	53 000	20%	10 600	8%	4 240	2%	1 060	1%	530	6%	3 180	2%	1 060	2%	1 060	1%	530	16 430	5 830	22 260
公司管理人员		32 000	20%	6 400	8%	2 560	2%	640	1%	320	6%	1 920	2%	640	2%	640	1%	320	9 920	3 520	13 440
专设销售机构		12 000	20%	2 400	8%	960	2%	240	1%	120	6%	720	2%	240	2%	240	1%	120	3 720	1 320	5 040
合　计		423 600	20%	84 720	8%	33 888	2%	8 472	1%	4 236	6%	25 416	2%	8 472	2%	8 472	1%	4 236	131 316	46 596	177 912

会计主管:王倩　　　　制单:刘莉

(27)12 月 31 日,缴纳社会保险费,资料见凭证 5-51。

凭证 5-51

山东省社会保险费专用收款票据

流水线:3709024249278　　开据时间:2017 年 12 月 31 日　　NO:1230000789

缴款单位:济泰股份有限公司　　经济类型:股份有限公司　　金额单位:元

收费项目	人数	单位缴纳额	个人缴纳额	滞纳金	利息	合计
养老保险费	100	84 720	33 888			118 608
失业保险	100	8 472	4 236			12 708
医疗保险	100	25 416	8 472			33 888
工伤保险	100	8 472	—			8 472
生育保险	100	4 236	—			4 236
合　计	100	131 316	46 596			177 912
合计(大写)人民币壹拾柒万柒仟玖佰壹拾贰元整　¥177 912.00						

收款单位(章):　　财务审核人:　　业务复核人:　　操作人:刘蒙

(28)12 月 31 日预提农行短期借款利息。该借款是 2017 年 12 月 1 日从农行借入,年利率为 6%,期限为三个月,利息按月计提,到期随本金支付的短期借款。资料见凭证 5-52。

凭证 5-52

短期借款利息计算单

2017 年 12 月 31 日

项　目	本　金	年　利　率	计　息　期	利息金额
短期借款	60 000	6%	1 个月	300
合　计	60 000	6%		¥300

会计主管:王倩　　制单:刘莉

(29)12 月 31 日偿还 2017 年 6 月 30 日从农行借入 60 000 元,年利率 6%,到期一次性偿还的短期借款利息和本金,资料见凭证 5-53 和凭证 5-54。

凭证 5-53

短期借款利息计算单

2017 年 12 月 31 日

项　目	本　金	年　利　率	计　息　期	利息金额
短期借款	60 000	6%	1 个月	300
合　计	60 000	6%		¥300

会计主管:王倩　　制单:刘莉

凭证 5-54

中国农业银行还款凭证(付款通知)

2017 年 12 月 31 日　　　　第 011 号

<table>
<tr><td rowspan="3">收款人</td><td>全　称</td><td>中国农业银行股份有限公司泰山区支行</td><td rowspan="3">付款人</td><td>全　称</td><td colspan="10">济泰股份有限公司</td></tr>
<tr><td>账　号</td><td>955990077766688899987</td><td>账　号</td><td colspan="10">955990077766688899901</td></tr>
<tr><td>开户银行</td><td>中国农业银行泰山区支行</td><td>开户银行</td><td colspan="10">中国农业银行泰山区支行</td></tr>
<tr><td colspan="5" rowspan="2">人民币(大写)陆万壹仟捌佰元整</td><td>千</td><td>百</td><td>十</td><td>万</td><td>千</td><td>百</td><td>十</td><td>元</td><td>角</td><td>分</td></tr>
<tr><td></td><td></td><td>¥</td><td>6</td><td>1</td><td>8</td><td>0</td><td>0</td><td>0</td><td>0</td></tr>
<tr><td colspan="2">转账原因</td><td>借款本金、利息</td><td colspan="12" rowspan="2">借：
贷：
复核　　记账</td></tr>
<tr><td colspan="3">中国农业银行股份有限公司 泰安泰山区支行 业务办讫章</td></tr>
</table>

此联是收款人开户行交给收款人的付账通知

(30)12 月 31 日兑现到期的银行承兑汇票,资料见凭证 5-55。

凭证 5-55

委托收款凭证(付款通知)5

2011 年 12 月 31 日　　　　第 018 号

<table>
<tr><td rowspan="3">付款人</td><td>全　称</td><td colspan="3">济泰股份有限公司</td><td rowspan="3">收款人</td><td>全　称</td><td colspan="10">北京钢铁有限公司</td></tr>
<tr><td>账　号</td><td colspan="3">955990077766688899901</td><td>账　号</td><td colspan="10">260690026895599007776</td></tr>
<tr><td>开户银行</td><td colspan="3">中国农业银行泰山区支行</td><td>开户银行</td><td colspan="10">工行海淀区支行</td></tr>
<tr><td rowspan="2">委收金额</td><td colspan="6" rowspan="2">人民币(大写)伍万元整</td><td>千</td><td>百</td><td>十</td><td>万</td><td>千</td><td>百</td><td>十</td><td>元</td><td>角</td><td>分</td></tr>
<tr><td></td><td></td><td>¥</td><td>5</td><td>0</td><td>0</td><td>0</td><td>0</td><td>0</td><td>0</td></tr>
<tr><td colspan="2">款项性质</td><td colspan="3">银行承兑汇票款</td><td colspan="12" rowspan="3">根据协议上列款项已由付款单位开户行付出。
中国农业银行股份有限公司 泰安泰山区支行 业务办讫章
收款人开户行盖章</td></tr>
<tr><td>委托收款凭据名称</td><td>银行承兑汇票</td><td>附寄单证张数</td><td colspan="2">1</td></tr>
<tr><td colspan="5">备注：
单位主管　会计　复核　记账</td></tr>
</table>

此联是付款人开户行交给付款人付账通知

实验设计

(1)实验类型:单项实验。

(2)实验时间:12 课时。

(3)实验材料:收款凭证5张,付款凭证15张,转账凭证30张,总账30户,三栏式明细账45户,多栏式明细账10户,应交增值税明细账1户、银行存款日记账1户,数量金额式明细账3户。

实验程序

(1)依据第四章建账资料建账。

(2)审核原始凭证,并依据审核无误的原始凭证编制记账凭证。

(3)登记相应明细账、日记账。

(4)编制科目汇总表登记总账(或完成第六章实验后,第五、六章实验合并编制科目汇总表,然后登记总账)。

第六章 所有者权益项目实验

实验目的

通过实验，使学生了解所有者权益的取得、形成及减少的凭证手续，熟练掌握其会计处理方法。

实验资料

（1）12 月 31 日，华天投资有限公司追加投入济泰股份有限公司资金 899 000 元，款项已到账，资料见凭证 6-1 和凭证 6-2。

凭证 6-1

投资协议书（摘要）

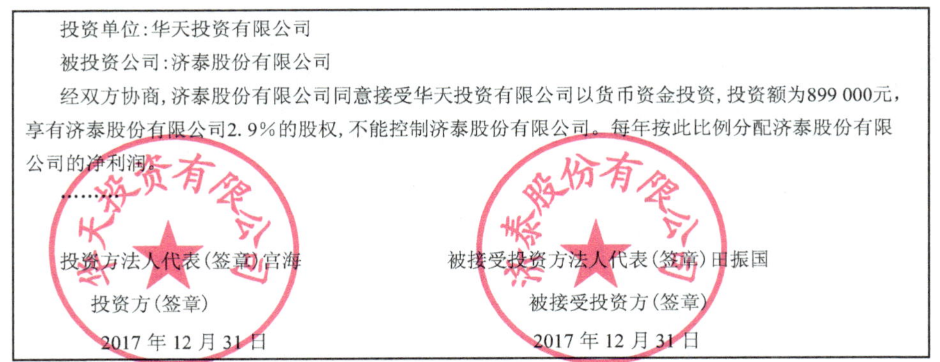

投资单位：华天投资有限公司

被投资公司：济泰股份有限公司

经双方协商，济泰股份有限公司同意接受华天投资有限公司以货币资金投资，投资额为899 000元，享有济泰股份有限公司2.9%的股权，不能控制济泰股份有限公司。每年按此比例分配济泰股份有限公司的净利润。

………

投资方法人代表（签章）宫海　　被接受投资方法人代表（签章）田振国

投资方（签章）　　被接受投资方（签章）

2017 年 12 月 31 日　　2017 年 12 月 31 日

凭证 6-2

中国农业银行进账单（加单或收账通知）

2017 年 12 月 31 日　　第 039 号

<table>
<tr><td rowspan="3">收款人</td><td>全　称</td><td>济泰股份有限公司</td><td rowspan="3">付款人</td><td>全　称</td><td colspan="10">华天投资有限公司</td></tr>
<tr><td>账　号</td><td>955990077766688899901</td><td>账　号</td><td colspan="10">4578123457789</td></tr>
<tr><td>开户银行</td><td>中国农业银行泰山区支行</td><td>开户银行</td><td colspan="10">工行泰安市分行</td></tr>
<tr><td colspan="5" rowspan="2">人民币（大写）捌拾玖万玖千元整</td><td>千</td><td>百</td><td>十</td><td>万</td><td>千</td><td>百</td><td>十</td><td>元</td><td>角</td><td>分</td></tr>
<tr><td></td><td>¥</td><td>8</td><td>9</td><td>9</td><td>0</td><td>0</td><td>0</td><td>0</td><td>0</td></tr>
<tr><td colspan="2">票据种类</td><td>转账支票</td><td colspan="12" rowspan="3">收款人开户行盖章</td></tr>
<tr><td colspan="2">票据张数</td><td>1</td></tr>
<tr><td colspan="3">单位主管　会计　复核　记账</td></tr>
</table>

(2)12 月 31 日,泰安园林公司投入济泰股份有限公司设备一台,资料见凭证 6-3 ~ 凭证 6-6。

凭证 6-3

投资协议书(摘要)

投资单位:泰安园林公司

被投资公司:济泰股份有限公司

经双方协商,济泰股份有限公司同意接受泰安园林公司固定资产投资,经泰安泰山评估有限公司评估该设备的价值为400 000 元,享有济泰股份有限公司1.3%的股权,即在济泰股份有限公司所有者权益中享有份额为400 000 元,不能对济泰股份有限公司产生影响。每年按此比例分配济泰股份有限公司的净利润。

………

投资方法人代表(签章)田华　　　　被接受投资方法人代表(签章)田振国

投资方(签章)

2017 年 12 月 31 日

被接受投资方(签章)

2017 年 12 月 31 日

凭证 6-4

山东省增值税专用发票

发票联

开票日期:2017 年 12 月 31 日　　　　No 1163479

购货单位	名　　称:济泰股份有限公司 纳税人登记号:370900000000898 地 址、电 话:泰安市青春创业园创业路108 号 开户行及账号:中国农业银行泰山区支行　账号:9559900777666888 99901	密码区	(略)

商品或劳务名称	计量单位	数量	单价	金额 千	百	十	万	千	百	十	元	角	分	税率%	税额 千	百	十	万	千	百	十	元	角	分
GB-Q 设备	台	1	400 000			4	0	0	0	0	0	0	0	17				6	8	0	0	0	0	0
合　计					¥	4	0	0	0	0	0	0	0	17			¥	6	8	0	0	0	0	0
价税合计(大写)	肆拾陆万捌仟元整																¥468 000.00							

销货单位	名　　称:泰安园林公司 纳税人登记号:370110000000798 地 址、电 话:泰安市工业路5577号 开户行及账号:中国建设银行工业路支行8559900777666888 99907	备注	泰安园林公司 370910000000798 发票专业章

开票人:李予　　收款人:　　复核:刘红　　销货单位(章)

第二联 抵扣联

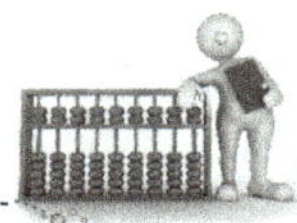

凭证 6-5

山东省增值税专用发票
发票联

开票日期:2017年12月31日　　　　No 1163479

购货单位	名　　称:济泰股份有限公司 纳税人登记号:370900000000898 地址、电话:泰安市青春创业园创业路108号 开户行及账号:中国农业银行泰山区支行　账号:9559900777666888899901													密码区	(略)							
商品或劳务名称	计量单位	数量	单价	金额										税率%	税额							
				千	百	十	万	千	百	十	元	角	分		千	百	十	万	千	百	十	元	角	分
GB-Q设备	台	1	400 000			4	0	0	0	0	0	0	0	17				6	8	0	0	0	0	0
合　　计					¥	4	0	0	0	0	0	0	0	17			¥	6	8	0	0	0	0	0
价税合计(大写)	肆拾陆万捌仟元整														¥468 000.00									
销货单位	名　　称:泰安园林公司 纳税人登记号:370110000000798 地址、电话:泰安市工业路5577号 开户行及账号:中国建设银行工业路支行　8559900777666888899907													备注	泰安园林公司 370910000000798 发票专业章									

第三联 发票联

开票人:李予　　收款人:　　复核:刘红　　销货单位(章)

凭证 6-6

固定资产验收交结单

2017年12月31日

资产编号	资产名称	型号规格或结构面积	计量单位	数量	购买价值或工程造价	基础或安装费用	附加费用(税金)	合计
	设备	GB-Q	台	1	400 000			400 000
资产来源		投资者投入	耐用年限		12		主要附属设备	
制造厂名		济南机械公司	估计年限		10			
制造日期及编号		2017年10月15日	月折旧率		0.81%			
工程项目或使用部门		生产车间	估计残值		10 000			

会计主管:王倩　　出纳:海明　　复核:刘红　　记账:田明　　制单:刘莉

(3)12月31日,山东科技大学研究院投入济泰股份有限公司专利权一项,资料见凭证6-7~凭证6-10。

凭证 6-7

投资协议书（摘要）

投资单位：山东科技大学研究院

被投资公司：济泰股份有限公司

经双方协商，济泰股份有限公司同意接受山东科技大学研究院以专利权A投资，经泰安岱宗评估有限公司评估该专利权的价值为8 000 000元，享有济泰股份有限公司25%的股权（股本总额31 000 000元），并能够实质控制济泰股份有限公司的生产经营。

………

投资方法人代表（签章）黄天　　　　被接受投资方法人代表（签章）田振国

投资方（签章）　　　　被接受投资方（签章）

2017年12月31日　　　　2017年12月31日

凭证 6-8

山东省增值税专用发票

发票联

开票日期：2017年12月31日　　　　No 1163479

购货单位	
名称	济泰股份有限公司
纳税人登记号	370900000000898
地址、电话	泰安市青春创业园创业路108号
开户行及账号	中国农业银行泰山区支行　账号：9559900777666888899901
密码区	（略）

商品或劳务名称	计量单位	数量	单价	金额 千	百	十	万	千	百	十	元	角	分	税率%	税额 千	百	十	万	千	百	十	元	角	分
专利权A	件	1	8 000 000		8	0	0	0	0	0	0	0	0	6			4	8	0	0	0	0	0	0
合计				¥	8	0	0	0	0	0	0	0	0	6		¥	4	8	0	0	0	0	0	0
价税合计（大写）	捌佰肆拾捌万元整																	¥8 480 000.00						

销货单位	
名称	山东科技大学研究院
纳税人登记号	370910000001798
地址、电话	泰安市大宗大街227号
开户行及账号	中国工商银行泰安分行85599007776668889
备注	山东科技大学研究院 370910000001798 发票专用章

开票人：李予　　收款人：　　复核：刘红　　销货单位（章）

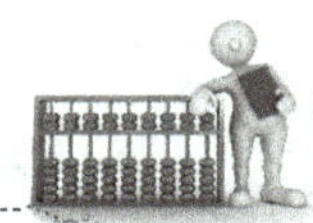

凭证 6-9

山东省增值税专用发票
发票联

开票日期:2017年12月31日　　　　　№　1163479

购货单位	名　　称:济泰股份有限公司 纳税人登记号:370900000000898 地 址、电 话:泰安市青春创业园创业路108号 开户行及账号:中国农业银行泰山区支行　账号:9559900777666888899901	密码区	(略)

商品或劳务名称	计量单位	数量	单价	金额	税率%	税额
专利权A	件	1	8 000 000	800000000	6	48000000
合　　计				¥800000000	6	¥48000000
价税合计(大写)	捌佰肆拾捌万元整					¥8 480 000.00

销货单位	名　　称:山东科技大学研究院 纳税人登记号:370910000001798 地址、电　话:泰安市大宗大街227号 开户行及账号:中国工商银行泰安分行 85599007776668889	备注	山东科技大学研究院 370910000001798 发票专用章

开票人:李予　　　收款人:　　　　　复核:刘红　　　　　销货单位(章)

第三联　发票联

凭证 6-10

无形资产入账通知单

2017年12月31日　　　　　编号:02015

类别	编号	名称	数量	入账价值	摊销额		预计使用年限	累计摊销额	入账原因
					年摊销额	月摊销额			
专利权		发明专利A	1	8 000 000	800 000	66 667	10		投资者投入

会计主管:王倩　　　　　　　　　　制单:刘莉

(4)12 月 31 日,董事会通过增资方案,用资本公积转增资本,资料见凭证 6-11。

凭证 6-11

济泰股份有限公司资本公积金转增资本方案(摘要)

为增强公司资本实力，根据公司股东会【2017】16 号决议，公司决定 2017 年用资本公积 200 000 元按 2017 年 12 月 31 日发行在外普通股股数为基数转增资本，转股价 10 元/股，具体方案如下：

黄河股份有限公司转增股本 17 692 股;

华天投资公司转增股本 223 股;

泰安园林公司转增股本 100 股;

山东科技大学研究院转增股本 1 985 股。

………………

济泰股份有限公司董事会

2017 年 12 月 31 日

实验设计

(1)实验类型:单项实验。

(2)实验时间:2 课时。

(3)实验材料:收款凭证 2 张,转账凭证 3 张,总账 5 户,三栏式明细账 5 户,银行存款日记账 1 户。

实验程序

(1)依据第四章建账资料建账(若第五章实验已全部建账,此实验不用再重复建账)。

(2)审核原始凭证,并依据审核无误的原始凭证编制记账凭证。

(3)登记相应明细账、日记账。

(4)编制科目汇总表登记总账(或第五、六章实验合并编制科目汇总表,然后登记总账)。

第七章　ERP 权益核算拓展实验

实验准备

（1）仿真企业为济泰股份有限公司，公司概况见第一章实验平台设计，基本会计制度和会计政策见上篇第一章、中篇第四章实验平台设计。

（2）拓展实验系统可以根据学校的具体情况选择相应的 ERP 管理软件，本实验使用用友 ERP-U8.61 操作系统。

（3）在企业应用平台进行系统管理和基础设置，以便进行后面的实验。

① 启动系统管理：启用“用友 ERP-U8”，单击“系统服务”选项卡，选择“系统管理”选项，执行“系统”命令，单击“注册”按钮，打开“登录”界面。以系统管理员身份进入系统管理。

② 建立单位账套。建立账套信息、单位信息、核算类型、数据精度、系统启用时间等。

③ 增加操作员并进行财务分工。输入实验中的相关人员基本信息并对其进行权限设置，包括口令和角色。比如，会计主管王倩的口令设置为“1”，角色为“账套主管”。

此处的设置只是为了方便实验，公司的实际操作人员可能会更多，分工可能会更加复杂细致。

④ 输入基础信息即设置基础档案。相关信息包括：

- 相关信息包括部门信息（编码、名称、属性等）。
- 人员类别（企业管理人员、车间管理人员、生产人员等）。
- 人员档案（编号、姓名、性别、部门、分类名称、是否操作员、操作员编码等）。
- 客户分类（批发、零售、代销等）。
- 客户档案（编号、名称、分类、地区、税号、银行账号、地址、邮编、折扣率、分管部门、分管业务员等）。
- 供应商分类（原料供应商、成品供应商等）。
- 供应商档案（编号、名称、分类、地区、税号、银行账号、地址、邮编、分管部门、分管业务员等）。
- 地区分类（东北地区、华北地区、华东地区、西北地区等）。

（4）备份账套数据

（5）修改账套数据

实验目的

通过本章的实验，将权益即负债和所有者权益的传统手工核算与电算化核算联系起来，系统练习各权益相关系统的初始化，日常业务处理和期末业务处理的操作方法。

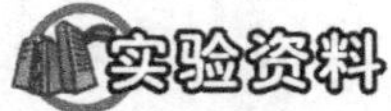

参照本篇第五、六章各实验的具体资料。

一、总账管理

参照上篇第三章“实验程序”中的“总账管理”相关内容。

二、薪资管理系统

对本篇第五、六章涉及的管理系统进行相关操作，包括系统的初始化，日常业务处理和月末业务处理。本实验选择了具有代表性的薪资管理系统。

薪资管理系统作为人力资源管理系统的一个子系统，主要用于管理薪资类别、人员档案、薪资数据和薪资报表等，主要功能和操作如下：

1. 登录系统

以账套主管“王倩”的身份登录薪资管理系统，然后进行初始设置、日常业务处理和月末处理。资料见中篇第四章试验平台设计相关建账资料和第五章实验相关资料。

具体操作：登录“企业应用平台”，打开“业务”选项卡，选择“人力资源”选项，选择“薪资管理”。

2. 初始设置

- 建立工资账套（参数设置、扣税设置、口令设置、人员编码）。
- 基础信息设置（部门设置、人员类别设置、人员附加信息设置、工资项目设置、银行名称设置等）。

3. 日常业务处理

- 工资类别管理（人员档案、设置工资项目和计算公式）。
- 工资数据管理（筛选和定位、页编辑、替换、过滤器）。
- 个人所得税的计算与申报。
- 银行代发。
- 工资分摊（工资总额的计提、分配、各种经费的计提；编制转账凭证）。
- 工资数据查询统计（工资表、工资分析表）。

4. 月末处理

另外，薪资管理系统与总账管理系统和成本管理系统等都有联系，在操作时应注意相互间的数据传输及核对。

需要说明的是，虽然应付款管理很重要，但是其与应收款管理从初始设置、系统功能、应用方案、业务流程等方面都很相似，因此本章不再单独介绍，具体功能和操作可以参照上篇第三章中“实验程序”中的“应收款管理”相关内容。

下篇　收入、费用、利润和报表篇

第八章　实验平台设计

一、实验分组

1. 配备实验指导老师

配备专职或兼职实验指导老师，组织和指导实验全过程，并根据学生完成实验的质量和工作量进行评分。

2. 分组实验

仿真企业会计岗位设置情况，进行分组实验，有利于学生增强对实际会计岗位的认识。一般情况下，每组 6 人为宜，分工如下：

(1)会计主管：全面负责会计工作，制定公司内部财务制度并贯彻执行；编制财务计划、财务预算并负责实施；进行财务分析，参与企业经营决策。

(2)出纳：负责审核有关现金、银行存款等的有关原始凭证，编制收付款记账凭证，登记现金、银行存款日记账。

(3)纳税报税(兼期间费用)：负责纳税申报、税款缴纳及其会计核算，以及期间费用相关原始凭证的审核，并编制相关记账凭证，登记期间费用相关明细账。

(4)往来结算：负责债权、债务的明细核算；定期核对债权债务，登记相应明细账，年终计提坏账准备。

(5)销售及利润核算：负责商品销售、按规定确认收入、结转损益并进行利润分配等相关业务的核算。

(6)总账(兼复核、报表)：对有关交易或事项进行复核，编制科目汇总表，登记总账；负责报表的编制。

实验结束，应填写人员分工及工作量明细表，以明确责任和进行考核评价。实验结束后，指导老师应组织学生进行经验交流，了解学生对会计核算工作的熟悉程度，发现存在的问题，以便有针对性地指导学生的实验。

二、实验材料准备

1. 账页

(1)总分类账。

(2)现金日记账。

(3)银行存款日记账。

(4)三栏式明细账。

(5)数量金额式明细账。

(6)多栏式明细账。

(7)应交税费——应交增值税明细账。

2. 会计凭证

(1)收款凭证。

(2)付款凭证。

(3)转账凭证。

(4)凭证封面。

(5)科目汇总表。

(6)凭证粘贴纸。

3. 其他

(1)胶水。

(2)直尺。

(3)小刀。

(4)大票夹、小票夹。

(5)装订机等。

实验目的

(1)通过实验,进一步理解和掌握中级财务会计课程收入、费用和利润的确认与核算、纳税报税流程及相关理论知识、会计核算方法以及报表的编制;熟练掌握从事会计工作的基本技能。

(2)感受会计人员的实际工作环境和工作作风,进一步提高学生综合处理会计事务的能力,提高学生的综合素质。

(3)培养学生运用所学的会计理论知识,分析和解决会计领域实际问题的能力。

(4)进一步深化和扩展所学的中级财务会计的理论知识和会计核算方法,培养学生分析问题、解决问题的能力,以及实践应用能力和创新能力。

实务操作的要求与方法

一、会计报表编制的要求与方法

1. 资产负债表的编制

(1)编制资产负债表的要求与方法。

① 资产负债表中的“年初数”栏内各项目的余额,应按照上年末资产负债表中“期末数”

栏内项目的金额填列。

② 一般企业资产负债表"期末余额"的列报方法。

A. 根据总账科目的余额填列。

"以公允价值计量且其变动计入当期损益的金融资产""以公允价值计量且其变动计入当期损益的金融负债""专项应付款""预计负债""递延收益""库存股""资本公积""其他综合收益""专项储备""盈余公积"等项目,应根据有关总账科目的余额填列。

"货币资金"项目,应当根据"库存现金""银行存款""其他货币资金"等科目期末余额合计填列。

B. 根据有关明细科目的余额计算填列。

"开发支出"项目,应根据"研发支出"科目中所属的"资本化支出"明细科目期末余额填列;自该项目达到预定用途之日起转为无形资产项目。

"应付账款"项目,应当根据"应付账款""预付账款"等科目所属明细科目期末贷方余额合计数填列;"预收款项"项目,应当根据"应收账款""预收账款"等科目所属明细科目期末贷方余额合计数填列。

"一年内到期的非流动负债"项目包括:一年内到期的长期借款、一年内到期的长期应付款、一年内到期应付债券、一年内到期的预计负债、一年内到期的递延收益等。

"未分配利润"项目,应根据"利润分配"科目中所属的"未分配利润"明细科目期末余额填列。

C. 根据总账科目和明细账科目的余额分析计算填列。

"长期借款"项目,应根据"长期借款"总账科目余额扣除"长期借款"科目所属的明细科目中将在资产负债表日起一年内到期、且企业不能自主地将清偿义务展期的长期借款后的金额计算填列;"应付债券"项目比照上述方法填列。

"长期待摊费用"项目,应根据"长期待摊费用"科目的期末余额减去将于一年内(含一年)摊销的数额后的金额填列。

D. 根据有关科目余额减去其备抵科目余额后的净额填列。

"可供出售金融资产""持有至到期投资""长期股权投资""在建工程""商誉"项目,应根据相关科目的期末余额填列,已计提减值准备的,还应扣减相应的减值准备。

"固定资产""无形资产""投资性房地产""生产性生物资产""油气资产"项目,应根据相关科目的期末余额扣减相关的累计折旧(或摊销、折耗)填列,已计提减值准备的,还应扣减相应的减值准备,采用公允价值计量的上述资产,应根据相关科目的期末余额填列。

"长期应收款"项目,应根据"长期应收款"科目的期末余额,减去相应的"未实现融资收益"科目和"坏账准备"科目所属相关明细科目期末余额后的金额填列;"长期应付款"项目,应根据"长期应付款"科目的期末余额,减去相应的"未确认融资费用"科目期末余额后的金额填列。

E. 综合运用上述填列方法分析填列。

"应收票据""应收利息""应收股利""其他应收款"项目,应根据相关科目的期末余额,减去"坏账准备"科目中有关坏账准备期末余额后的金额填列。

"应收账款"项目,应根据"应收账款"和"预收账款"科目所属各明细科目的期末借方余额合计数,减去"坏账准备"科目中有关应收账款计提的坏账准备期末余额后的金额填列。

“预付款项”项目,应根据“预付账款”和“应付账款”科目所属各明细科目的期末借方余额合计数,减去“坏账准备”科目中有关预付款项计提的坏账准备期末余额后的金额填列。

“存货”项目,应根据“材料采购”“原材料”“发出商品”“库存商品”“周转材料”“委托加工物资”“生产成本”“受托代销商品”等科目的期末余额合计,减去“受托代销商品款”“存货跌价准备”科目期末余额后的金额填列,材料采用计划成本核算,以及库存商品采用计划成本核算或售价核算的企业,还应按加或减材料成本差异、商品进销差价后的金额填列。

(2)编制资产负债表应注意的问题。

① 资产负债表中的项目一般是按照实际成本计价反映的。

② 资产负债表附注部分应填列齐全,如已向银行贴现和已背书转让的商业承兑汇票。

(3)资产负债表的报送。

① 报表编制完成后,经由本单位会计主管人员或单位负责人认真审核并签名盖章,加具封面,装订成册,加盖公章才能报送。封面应注明:单位名称、地址、主管部门、开业年份、报表所属年度和年份、送出日期等。

② 报送的具体部门与单位的隶属关系、经济监管等有关。一般应向上级主管部门、开户银行、财政和税务机关及审计单位报送,若是有投资者也应向他们提供报表。

2. 利润表的编制

利润表反映企业在一定期间内利润(或亏损)的实际情况,报告企业的经营成果。利润表中的“本期金额”栏反映各项目的本期实际发生数,在编报中期财务会计报告时,填列上年同期累计实际发生数,在编报年度财务会计报告时,填列上年全年累计实际发生数,并将“本期金额”栏改成“上期金额”栏。如果上年度利润表的项目名称和内容与本年度利润表不相一致,应对上年度报表项目的名称和数字按本年度的规定进行调整,并按调整后的数字填入报表的“上期金额”栏。

利润表中的各项目,主要根据各损益类账户的发生额填列。

(1)利润表反映企业在一定期间内利润(亏损)的实现情况。

(2)利润表各项目均需填列“本期金额”和“上期金额”两栏。其中“上期金额”栏内各项数字,应根据上年该期利润表的“本期金额”栏内所有数字填列。如果上年度利润表规定的各个项目的名称和内容同本年度不相一致,应对上年度利润表各项目的名称和数字按本年度的规定进行调整,填入本表“上期金额”栏内。

(3)利润表“本期金额”栏内各项数字一般应当反映以下内容:

①“营业收入”“营业成本”项目。

“营业收入”项目反映企业经营主要业务和其他业务所确认的收入总额。本项目应根据“主营业务收入”和“其他业务收入账户的贷方发生额扣除借方发生额后的净额计算填列。

“营业成本”项目,反映企业经营主要业务和其他业务发生的实际成本总额。本项目应根据“主营业务成本”和“其他业务成本”账户的借方发生额扣除贷方发生额后的净额计算填列。

②“税金及附加”项目。

“税金及附加”项目反映企业经营业务应负担的消费税、城市维护建设税、资源税、土地增值税、教育费附加、印花税、房产税、土地使用税和车船使用税等。

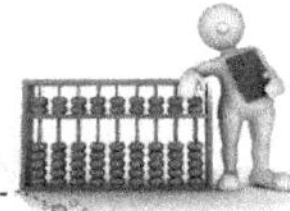

③“销售费用”“管理费用”“财务费用”项目。

“销售费用”项目反映企业在销售商品过程中发生的包装费、广告费等费用和为销售本企业商品而专设的销售机构的职工薪酬、业务费等经营费用。

“管理费用”项目，反映企业为组织和管理生产经营发生的管理费用。

“财务费用”项目，反映企业筹集生产经营所需资金等而发生的筹资费用。

企业发生勘探费用的，应在“管理费用”和“财务费用”项目之间，增设“勘探费用”项目反映。

④“资产减值损失”项目。

“资产减值损失”项目，反映企业各项资产发生的减值损失。

⑤“公允价值变动净收益”项目。

“公允价值变动净收益”项目反映企业按照相关准则规定应当计入当期损益的资产或负债公允价值变动净收益，如交易性金融资产当期公允价值的变动额。如为净损失，以“-”号填列。

⑥“投资净收益”项目。

“投资净收益”项目反映企业以各种方式对外投资所取得的收益。如为净损失，以“-”号填列。企业持有的交易性金融资产处置和出售时，处置收益部分应当自“公允价值变动损益”项目转出，列入本项目。

⑦“营业外收入”“营业外支出”项目。

“营业外收入”“营业外支出”项目反映企业发生的与其经营活动无直接关系的各项利得和损失。其中，处置非流动资产净损失，应当单独列示。

⑧“利润总额”项目。

“利润总额”项目反映企业实现的利润总额。如为亏损总额，以“-”号填列。

⑨“所得税费用”项目。

“所得税费用”项目反映企业根据所得税准则确认的应从当期利润总额中扣除的所得税费用。

⑩“净利润”项目。

在利润总额的基础上，减去所得税，计算出当期净利润额。

⑪“其他综合收益的税后净额”项目。

“其他综合收益的税后净额”项目及其各组成部分，应根据“其他综合收益”科目及其所属明细科目的本期发生额分析填列。

⑫“综合收益总额”项目。

“综合收益总额”项目，反映企业净利润与其他综合收益的合计金额。

⑬“基本每股收益”和“稀释每股收益”项目。

“基本每股收益”和“稀释每股收益”项目，应当根据《企业会计准则第34号——每股收益》的规定计算的金额填列。《企业会计准则第34号——每股收益》及其应用指南规定：企业应当按照归属于普通股股东的当期净利润，除以发行在外普通股的加权平均数计算基本每股收益。

(4)结转利润的要求与方法。

①月末将各收入账户的贷方余额从借方转入到“本年利润”账户的贷方。

② 月末将各费用账户的借方余额从贷方转入到“本年利润”账户的借方。

③ 年末,“利润分配”账户的贷方有余额,则转入“利润分配——未分配利润”账户的贷方;若为借方余额,则转入该明细账户的借方。

④ 年末,“利润分配”账户其他明细账户的余额也应转入“未分配利润”明细账户内。

(5)计算交纳所得税的要求与方法。

① 当期所得税。

当期所得税 = 当期应交所得税 = 应纳税所得额 × 所得税税率

② 递延所得税。

应予确认的递延所得税资产和负债扣除原已确认的部分,即:

递延所得税 = 当期递延所得税负债的增加 - 当期递延所得税负债的减少 +
当期递延所得税资产的减少 - 当期递延所得税资产的增加

③ 所得税费用。

所得税费用 = 当期所得税 + 递延所得税

3. 操作流程

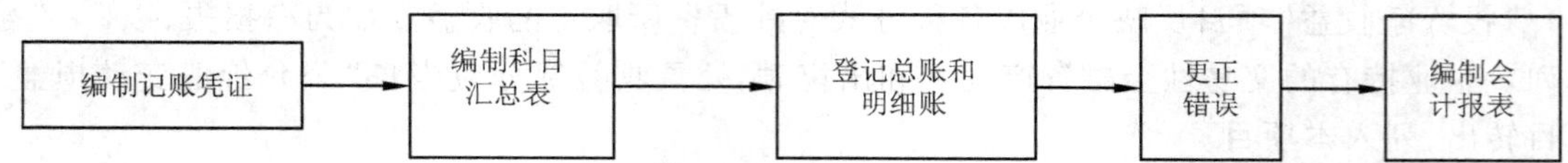

二、其他要求与方法

建账、原始凭证审核、记账凭证的审核与编制等参考上篇第一章实验平台设计。

仿真公司概况

一、公司概况

具体见上篇第一章实验平台设计。

二、公司财务制度有关规定和说明

(1)公司库存现金限额为 40 000 元。

(2)原材料、库存商品按实际成本核算,发出材料采用先进先出法。

(3)公司为增值税一般纳税人,适用增值税税率为 17%。

(4)所得税适用税率 25%,采用资产负债表债务法。所得税实行每月预缴,期末汇算清缴。

(5)其他有关财务制度的说明见上篇第一章实验平台设计。

建账资料

本部分提供的建账资料,满足下篇——收入、费用、利润、报表编制交易或事项核算的需要,具体资料有:

(1)2017 年 12 月初账户余额表,见表 8-1。

(2)2017 年 12 月初库存商品结存表,见表 8-2。

(3)2017 年 12 月初库存原材料结存表(原材料采用实际成本核算),见表 8-3。

表 8-1　2017 年 12 初账户余额表　　单位:元

总账账户	二级账户	明细账户	借方余额	贷方余额
库存现金			**10 000**	
银行存款			**726 900**	
应收票据			**150 000**	
	东岳汽车制造厂		150 000	
其他应收款			**10 000**	
	李华		10 000	
原材料			**369 000**	
		C 材料	210 000	
		B 材料	159 000	
库存商品			**3 600 000**	
	挖掘机		2 200 000	
	铲车		1 400 000	
固定资产			**27 338 000**	
	生产经营用		16 000 000	
	房屋建筑物		11 338 000	
累计折旧				**65 900**
无形资产			**673 000**	
	专利权		673 000	
累计摊销				**5 000**
短期借款				**1 350 000**
应付账款				**84 000**
股本				**31 000 000**
盈余公积				**196 940**
本年利润(1-11 月)				**86 000**
利润分配(未分配利润)				**89 060**
合　　计			32 876 900	32 876 900

表 8-2　2017 年 12 月初库存商品结存表　　单位:元

品名及规格	数　　量	实际单位成本(元)	总成本(元)
挖掘机	10 台	140 000	1 400 000
铲车	10 辆	220 000	2 200 000

表 8-3　2017 年 12 月初库存原材料结存表　　单位:元

品名及规格	数　　量	实际单位成本(元)	总成本(元)
C 材料	21 000 千克	10	210 000
B 材料	30 吨	5 300	159 000

第九章　收入、费用和利润项目实验

实验目的

通过实验，使学生了解收入、费用、利润的不同交易或事项应填制或取得的各种原始凭证，掌握记账凭证的填制方法，熟练掌握有关账簿的登记方法。

实验资料

泰安股份有限公司 2017 年 12 月份发生的部分交易或事项及原始凭证如下：

(1)12 月 1 日，公司购买办公用品，资料见凭证 9-1 ~ 凭证 9-3。

凭证 9-1

山东省商品销售统一发票

购货单位：济泰股份有限公司　　2017 年 12 月 1 日　　№　0269003

商品名称	规格	单位	数量	单价	金额						
					万	千	百	十	元	角	分
计算器		台	4	125.00			5	0	0	0	0
合计人民币（大写）⊗万⊗仟伍佰零拾零元零角零分						¥	5	0	0	0	0

第二联：发票

销货单位（盖章）：　　收款人：曹辉银　　开票人：杜影

凭证 9-2

办公用品领用表

2017 年 12 月 1 日

领用部门（人员）	领发数量				备注
	计算器			金额	
李小华	1			125	办公用
凌霄同	1			125	办公用
李庆平	1			125	办公用
李红凯	1			125	办公用
合计	4			500	

制单：刘莉

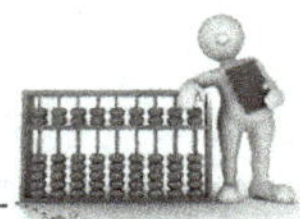

凭证 9-3

济泰股份有限公司费用报销单

2017 年 12 月 5 日

部门	销售科	申报人	李小华	页数		附件	2 张
序号	业务发生时间	事由		金额		参与人	
1	2017 年 12 月 1 日	购买办公用品		500.00		李小华、凌霄同、李庆平、李红凯	
合计	（大写）人民币伍佰元整			¥500.00			
单位负责人意见:同意　　田振国				财务主管审批:同意　　王倩			
出纳:海明				报销领款人签字:李小华			

现金付讫

(2)12 月 1 日,销售铲车 2 辆,收到银行汇票送存银行,结转销售成本。资料见凭证 9-4 ~ 凭证 9-6。

凭证 9-4

山东省增值税专用发票

发票联

开票日期:2017 年 12 月 1 日　　　　No　00016111

购货单位	名　　称:济南城市绿化公司 纳税人登记号:370103000000789 地 址、电 话:济南市山师东路 25 号 开户行及账号:工商济南市支行山师东路分理处26010221000111	密码区	（略）

商品或劳务名称	计量单位	数量	单价	金额 千	百	十	万	千	百	十	元	角	分	税率 %	税额 千	百	十	万	千	百	十	元	角	分
铲车	辆	2	300 000			6	0	0	0	0	0	0	0	17			1	0	2	0	0	0	0	0
合　　计					¥	6	0	0	0	0	0	0	0	17		¥	1	0	2	0	0	0	0	0
价税合计(大写)	柒拾万零贰仟元整																	¥702 000. 00						

销货单位	名　　称: 济泰股份有限公司 纳税人登记号: 370900000000898 地址、电　话: 泰安市青春创业园创业路108号 开户行及账号: 中国农业银行泰山区支行　95599007776668899901	备注	济泰股份有限公司 370900000000898 发票专业章

开票人:李三　　　收款人:海明　　　复核:刘红　　　销货单位(章)

第一联 记账联

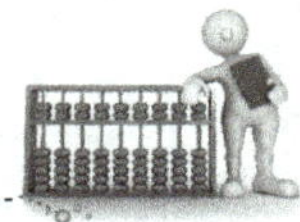

凭证 9-5

中国农业银行进账单(收账通知)

2017 年 12 月 1 日　　第 041 号

收款人	全　称	济泰股份有限公司	付款人	全　称	济南城市绿化公司
	账　号	9559900777666888899901		账　号	26010221000111
	开户银行	中国农业银行泰山区支行		开户银行	工商济南市支行山师东路分理处
人民币(大写)柒拾万零贰仟元整				千百十万千百十元角分	¥70200000
票据种类	银行汇票	收款人开户行盖章			
票据张数	1 张				
单位主管　会计　复核　记账					

中国农业银行股份有限公司 泰安泰山区支行 业务办讫章

此联是收款人开户行交给收款人 回单或收账通知

凭证 9-6

产 品 出 库 单

用途:销售　　2017 年 12 月 1 日　　第 101 号

产品名称	计量单位	数量	单位成本	金额
铲车	辆	2	220 000	440 000
合计		2	220 000	440 000

仓库负责人:李一　　记账:田明　　仓库保管员:王刚

(3)12 月 2 日,管理部门领用修理用材料,资料见凭证 9-7。

凭证 9-7

领 料 单

领料部门:管理部门　　开票日期:2017 年 12 月 2 日　　字第 032 号

材料编号	材料名称	规格	单位	请领数量	实发数量	数量 实际单价	金额
016	C 材料		千克	100	100	10	1000
用途 管理部门修理用		领料部门			发料部门		
		领料单位负责人		领料人	核准人		发料人
		王力		刘红梅	张坤		田凯

第二联 会计记账联

(4)12 月 2 日,发出铲车 2 辆,委托济南鑫茂机械贸易公司代销。同日,产品已出库。资料见凭证 9-8 和凭证 9-9。

凭证 9-8

委托代销合同

委托人：济泰股份有限公司（以下简称“甲方”）

受托人：济南鑫茂机械贸易公司（以下简称“乙方”）

甲乙双方本着平等互利、共同发展的原则，依照《中华人民共和国合同法》有关规定，自愿订立协议如下：

一、甲方委托乙方代销的商品名称、规格、产地、计量单位、代销数量、单价及金额。

商品名称	规格	产地	计量单位	代销数量		单价	金额
				现货	每季可供数		
铲车		山东泰安	辆	2	6	300 000	600 000
合计				2	6	300 000	600 000

二、物品的所有权属于济泰股份有限公司所有。

三、质量标准：略。

四、包装规格：商品包装应按运输部门规定办理，否则运输途中损失由甲方负责。如因不符运输要求，乙方代为改装及加固，其费用由甲方负责。

五、交（提）货方式、地点和时间：略。

六、检验标准、方法、地点、及期限：略。

七、担保方式（也可另立担保合同）：略。

八、受托人将处理委托事务所取得财产转交给委托人的时间、地点及方式：略。

九、委托人支付受托人处理委托事务所付费用的时间、方式：手续费收取与结算按下列办法：按销货款总额5%收取手续费；待乙方收到货款后，即给甲方结算并扣回代垫费用。

十、双方权利和义务。

（一）甲方

1. 按双方约定的时间、数量、质量、品种交付货物，由甲方送货上门，运费由乙方承担。

2. 接受在约定期限内乙方未能销售的存货，以及因质量问题第三人退给乙方的退货，无理拒收的，应承担因此造成的损失及多支出的费用。

（二）乙方

1. 妥善保管代销货物，因过错造成毁损灭失的应予赔偿；

2. 以适当方式销售代销的货物，因乙方过错造成货物迟延销售或不能销售的，应负赔偿责任；

3. 按双方事先约定的价格和期限给付已销售部分的货款；

4. 在约定的期限内未能销售完货物的，应及时通知甲方及时处理，以免延期造成损失。

十一、违约责任。

1. 甲方违反第十条对其约定的条件，发生纠纷和经济损失的，由委托人承担相应的法律责任和经济损失。

2. 乙方违反第十条对其约定的条件，造成发生纠纷和经济损失的，由受托人承担相应的法律责任和经济损失。

3. 乙方若欠总货款超过 50 000 元，甲方有权解除合同。

4. 甲方委托乙方在区域内销售甲方供应的产品，乙方不能超区域经营。乙方超区域经营，给甲方造成损失的应予以赔偿。

5. 乙方以自己名义对外销售，独立承担责任。

十二、合同争议的解决方式：本合同在履行过程中发生争议，由双方当事人协商解决，协商不成，任何一方均可向人民法院提起诉讼。

续表

十三、其他约定事项:

1.甲方代销商品应与样品相符,保质保量,代销数量、规格、价格,有效期内如有变更,甲方必须及时通知乙方,通知到达前,已由乙方签出的合同,应照旧履行。如因质量或供应脱节而造成的损失和费用(包括手续费),均由甲方负责。

2.本合同未作规定的,按《中华人民共和国合同法》的规定执行。

3.本合同有效期自 2017 年 12 月 16 日至 2018 年 12 月 15 日止。

4.本协议自双方签字盖章时开始生效。

5.本协议一式两份,双方各执一份,均具有同等的法律效力。

委托人(签盖):泰山股份有限公司
开户银行:中国农业银行泰山区支行
账号:9559900776668889901
地址电话:泰安市青春创业园创业路 108 号
日期:2017 年 12 月 2 日

受托人(签章):济南奥茂机械贸易公司
开户银行:工商济南市支行英雄山路分理处
账号:26010221000321
地址电话:济南市英雄山路 29 号
日期:2017 年 12 月 2 日

凭证 9-9

产品出库单

用途:委托代销　　2017 年 12 月 2 日　　第 102 号

产品名称	计量单位	数量	单位成本	金额
铲车	辆	2	220 000	440 000
合计		2	220 000	440 000

仓库负责人:李一　　记账:田明　　仓库保管员:王刚

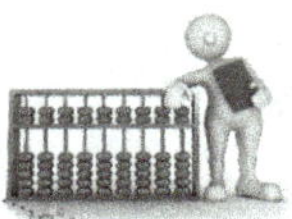

(5)12 月 3 日,报销办公室名片印刷费,资料见凭证 9-10 和凭证 9-11。

凭证 9-10

山东省商品销售统一发票

购货单位:济泰股份有限公司　　　　2017 年 12 月 3 日　　　　№　0269003

商品名称	规格	单位	数量	单价	金额						
					万	千	百	十	元	角	分
名片		张	100	0.20				2	0	0	0
合计人民币(大写)⊗万⊗仟零佰零贰拾零元零角零分							¥	2	0	0	0

第二联:发票

销货单位(盖章):　　　　收款人:曹宏　　　　开票人:杜丽

凭证 9-11

济泰股份有限公司费用报销单

2017 年 12 月 3 日

部门	销售科	申报人	李小华	页数		附件	1 张
序号	业务发生时间	事由		金额		参与人	
1	2017 年 12 月 3 日	为管理人员印刷名片		20.00		总经理　李鹏	
合计	(大写)人民币贰拾元整			¥20.00			
单位负责人意见:同意　田振国				财务主管审批:同意　王倩			
出纳:海明				报销领款人签字:李小华			

现金付讫

(6)12 月 3 日,生产车间销售废旧物资,收入现金,资料见凭证 9-12。

凭证 9-12

销售废旧物资发票开票通知单

2017 年 12 月 3 日　　　　No 0000037

购货单位		税务证登记号		地址、电话		开户行及账号
泰安再生资源公司				6220854		
品名	规格	单位	数量	含税单价	总金额	备注
废钢材		吨	10	1 170	11 700	

第二联 财务记账

财务收款人(章):商申花　　　　开票人:鲁能

(7)12 月 4 日,开出支票支付广告费,资料见凭证 9-13 和凭证 9-14。

凭证 9-13

山东省广告业专用发票

发　票　联

客户名称:济泰股份有限公司　　　　2017 年 12 月 4 日　　　　No 02369

项目	单位	数量	单价	金额 万	千	百	十	元	角	分
产品广告牌	块	2	20 000	4	0	0	0	0	0	0
合计				4	0	0	0	0	0	0
合计金额(大写)人民币肆万元整										

②报销凭证

收款单位(盖章有效):　　　　开票人:张猛

凭证 9-14

中国农业银行转账支票存根

支票号码 NO. 01172639

科　　目

对方科目

出票日期 2017 年 12 月 4 日

收款人:泰安宏达广告公司
金　额:¥40 000
用　途:支付广告费

单位主管　王倩　　　　会计　田明

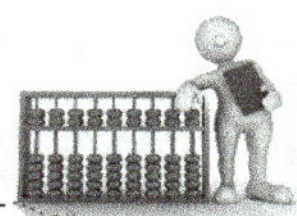

(8)12 月 5 日,车间设备维修,资料见凭证 9-15 和凭证 9-16。

凭证 9-15

山东省泰安市工业商业修理修配发票

发 票 联

委托单位:济泰股份有限公司　　2017 年 12 月 5 日　　№ 0002886

项目	说　明	单位	数量	单价	金额 万	千	百	十	元	角	分	备　注
焊接水管		批	1	120.00			1	2	0	0	0	
						¥	1	2	0	0	0	
合计人民币(大写)×万×仟壹佰贰拾元整					¥120.00							

第二联:发票

受托单位(盖章):　　收款人:李 玉 斌　　开票人:夏飞天

凭证 9-16

济泰股份有限公司费用报销单

2017 年 12 月 5 日

部门	销售科	申报人	李小华	页数		附件	1 张
序号	业务发生时间	事由		金额		参与人	
1	2017 年 12 月 5 日	车间设备维修		120.00		李华	
合计	(大写)人民币壹佰贰拾元整			¥120.00			
单位负责人意见:同意　田振国				财务主管审批:同意　王倩			
出纳:海明				报销领款人签字:李小华			

现金付讫

(9)12 月 6 日,销售产品,款已收到,资料见凭证 9-17 ~ 凭证 9-19。

凭证 9-17

山东省增值税专用发票

发 票 联

开票日期:2017 年 12 月 6 日　　　　No　00016104

购货单位	名　　称:福建福旺机械有限公司 纳税人登记号:350181611314965 地 址、电 话:福州市工业开发区 开户行及账号:工行福州市支行　401102062529	密码区	(略)

商品或劳务名称	计量单位	数量	单价	金额										税率%	税额									
				千	百	十	万	千	百	十	元	角	分		千	百	十	万	千	百	十	元	角	分
挖掘机	台	2	200 000			4	0	0	0	0	0	0	0	17				6	8	0	0	0	0	0
合　计					¥	4	0	0	0	0	0	0	0	17			¥	6	8	0	0	0	0	0
价税合计(大写)	肆拾陆万捌仟元整																	¥468 000						

销货单位	名　　称:济泰股份有限公司 纳税人登记号:370900000000898 地址、电　话:泰安市青春创业园创业路108号 开户行及账号:中国农业银行泰山区支行9559900777666888899901	备注	济泰股份有限公司 370900000000898 发票专业章

开票人:李三　　　收款人:海明　　　复核:刘红　　　销货单位(章)

第一联　记账联

凭证 9-18

中国农业银行进账单(收账通知)

2017 年 12 月 6 日　　　　第 042 号

收款人	全　称	济泰股份有限公司	付款人	全　称	福建福旺机械有限公司
	账　号	9559900777666888899901		账　号	40116206529
	开户银行	中国农业银行泰山区支行		开户银行	工行福州市支行

人民币(大写)肆拾陆万捌仟元整	千	百	十	万	千	百	十	元	角	分
		¥	4	6	8	0	0	0	0	0

票据种类	银行汇票	收款人开户行盖章 中国农业银行股份有限公司 泰安泰山区支行 业务办讫章
票据张数	1 张	
单位主管　会计　复核　记账		

回单或收账通知

此联是收款人开户行交给收款人

凭证 9-19

产 品 出 库 单

用途:销售　　　　2017 年 12 月 6 日　　　　第 103 号

产品名称	计量单位	数量	单位成本	金额
挖掘机	台	2	140 000	280 000
合计		2	140 000	280 000

仓库负责人:李一　　　　记账:田明　　　　仓库保管员:王刚

(10)12 月 6 日,上月已销售的 1 辆铲车,由于质量问题,对方企业提出退货,公司同意。上月已确认收入,结转成本。退回铲车已入库,款项也已退回。资料见凭证 9-20 ~ 凭证 9-22。

凭证 9-20

红字

山东省增值税专用发票
发 票 联

开票日期:2017 年 12 月 6 日　　　　№ 00016111

购货单位	名　　称:济南城市绿化公司 纳税人登记号:370103000000789 地 址、电 话:济南市山师东路 25 号 开户行及账号:工商济南市支行山师东路分理处26010221000111	密码区	(略)

商品或劳务名称	计量单位	数量	单价	金额 千	百	十	万	千	百	十	元	角	分	税率%	税额 千	百	十	万	千	百	十	元	角	分
铲车	辆	1	300 000			3	0	0	0	0	0	0	0	17				5	1	0	0	0	0	0
合　计					¥	3	0	0	0	0	0	0	0	17			¥	5	1	0	0	0	0	0

价税合计(大写)	叁拾五万壹仟元整	¥351 000. 00

销货单位	名　　称:济泰股份有限公司 纳税人登记号:370900000000898 地址、电　话:泰安市青春创业园创业路108号 开户行及账号:中国农业银行泰山区支行95599007776668889901	备注	济泰股份有限公司 370900000000898 发票专业章

第一联记账联

开票人:李三　　　收款人:海明　　　复核:刘红　　　销货单位(章)

凭证 9-21

库存商品（产成品）验收入库单

交库单位：济南城市绿化公司　　2017 年 12 月 6 日　　第 0198 号

产品名称	交验数量	检验结果		实收数量	计量单位	单位成本	金额
		合格	不合格				
铲车	1		1	1	辆	220 000	220 000
合计							220 000

生产车间　　检验人：李华　　仓库经收人：田凯

凭证 9-22

中国农业银行电汇凭证（回单）

汇款人	全称	济泰股份有限公司			收款人	全称	济南城市绿化公司		
	账号	9559900777666888899901				账号	26010221000111		
	汇出地点	泰安	汇出行名称	农行泰山区支行		汇入地点	济南	汇入行名称	工商济南市支行山师东路分理处

人民币（大写）叁拾伍万壹仟元整	千	百	十	万	千	百	十	元	角	分
		¥	3	5	1	0	0	0	0	0

汇出行盖章	支付密码
（印章：中国农业银行股份有限公司 泰安泰山区支行 业务办讫章）	附加信息及用途　退货款 复核　记账

此联是汇出银行交给汇款单位的回单

(11) 12 月 6 日，报销办公室书报费，资料见凭证 9-23 和凭证 9-24。

凭证 9-23

山东省商品零售发票

购货单位：济泰股份有限公司　　2017 年 12 月 6 日　　№ 0026738

类别	单位	数量	单价	十	万	千	百	十	元	角	分
图书	本	50	10				5	0	0	0	0
合计人民币（大写）×拾×万×仟伍佰元整								¥ 500			

销货单位（盖章）：（印章：泰安市新华书店 发票专用章）　　收款人：李琼瑶　　开票人：王晓云

第二联：发票

中惠印刷厂 99 4 4000 3

凭证 9-24

济泰股份有限公司费用报销单

2017 年 12 月 6 日

部门	销售科	申报人	李小华	页数		附件	1 张
序号	业务发生时间	事由		金额		参与人	
1	2017 年 12 月 6 日	办公室购买图书		500.00		李庆平	
合计	(大写)人民币伍佰元整 现金付讫			¥500.00			
单位负责人意见:同意 田振国				财务主管审批:同意 王倩			
出纳:海明				报销领款人签字:李庆平			

(12)12 月 7 日,支付业务招待费,资料见凭证 9-25 和凭证 9-26。

凭证 9-25

山东省饮食业专用发票

发 票 联

2017 年 12 月 7 日

客户:济泰股份有限公司

项目: 餐 费

人民币(大写): 陆佰捌拾元整

2017 年 地税 0000822

单位(盖章): 收款:王小乐

凭证 9-26

济泰股份有限公司费用报销单

2017 年 12 月 7 日

部门	销售科	申报人	李小华	页数		附件	1 张
序号	业务发生时间	事由		金额		参与人	
1	2017 年 12 月 7 日	招待市企业参观团客人		680.00		李浩	
合计	(大写)人民币陆佰捌拾元整					¥680.00	
单位负责人意见:同意　　田振国				财务主管审批:同意　　王倩			
出纳:海明				报销领款人签字:李浩			

现金付讫

(13)2017 年 12 月 11 日,公益性捐款,资料见凭证 9-27 和凭证 9-28。

凭证 9-27

公益性单位接受捐赠统一收据

国财 00210　　2017 年 12 月 11 日　　(2017)　NO 00086896

捐 赠 者　济泰股份有限公司

捐赠项目　泰安市残疾人福利院项目

捐赠金额(实物价值)(大写)人民币壹万伍仟元整

(¥15 000.00)

货币(实物)种类

备注:

接收单位(签章):　　审核:张小鹏　　经手人:黄玉林　　感谢您的慷慨捐赠

泰安市残疾人福利院 捐款专用章

凭证 9-28

中国农业银行**转账支票存根**

支票号码 NO. 01173689
科　　目
对方科目
出票日期 2017 年 12 月 11 日

收款人:泰安市残疾人福利院
金　额:¥15 000.00
用　途:公益性捐赠

单位主管:王倩　　　会计:田明

（14）12 月 12 日，票据贴现，资料见凭证 9-29。

凭证 9-29

票据贴现凭证（收账通知）　4

2017 年 12 月 12 日　　　NO:123321

申请人	全　称	济泰股份有限公司	贴现汇票	种类及号码	商业承兑汇票										
	账　号	9559900777666888899901		出票日	2017 年 8 月 12 日										
	开户银行	中国农业银行泰山区支行		到期日	2018 年 2 月 12 日										
汇票承兑人		东岳汽车制造厂	账号	3709021234567	开户银行	农行泰山区支行									
商业汇票金额		人民币（大写）	壹拾伍万元整		千	百	十	万	千	百	十	元	角	分	
							1	5	0	0	0	0	0	0	
年贴现率		贴现利息	实付金额		千	百	十	万	千	百	十	元	角	分	
2.52%		630				¥	1	4	9	3	7	0	0	0	
上述款项已入你单位账户。银行盖章 2017 年 12 月 12 日			备注:												

此联银行给贴现申请人的收账通知

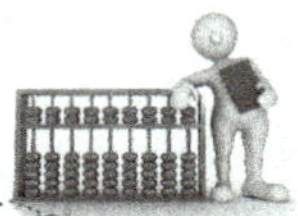

(15)12 月 22 日,盘盈现金 100 元,资料见凭证 9-30 和凭证 9-31。

凭证 9-30

库存现金盘点表

截至日期:2017年12月22日　　　　盘点日期:2017年12月22日

公司名称:　　　　单位:元

项　目	库存现金科目余额	现金实存数(不能超过 20000 元)	差异 (账面一实存)
金额	19 880.00	19 980.00	-100.00
差异原因			
处理意见			
币值种类	单位	数量	金额
100	元	193	19 400
50	元	8	400
20	元	5	100
10	元	7	70
5	元	0	0
2	元	0	0
1	元	9	9
5	角	2	1
2	角	0	0
1	角	0	0
5	分	0	0
2	分	0	0
1	分	0	0
合计	元	0	19 980

盘点小组组长:吴辉　　　　会计:田明　　　　出纳:海明

凭证 9-31

现金盘点报告表

2017 年 12 月 22 日

摘　要	实存金额	账存金额	盈	亏	备注
1.主币	19 979.00	19 879.00	100.00	0	
2.辅币	1.00	1.00		0	
3.未入账					
4.白条					
5.其他					
合计	19 980.00	19 880.00	100.00		

(16)12 月 23 日，现金盘盈 100 元，反复核查，原因不明，见凭证 9-32。

凭证 9-32

现金盘盈处理意见

财务科：

现金盘盈 100 元，反复核查，原因不明，转为营业外收入。

单位负责人：田振国

2017 年 12 月 23 日

(17)12 月 23 日，收到贷款利息通知单，资料见凭证 9-33。

凭证 9-33

中国农业银行贷款利息通知单

2017 年 12 月 23 日

账号	9559900777666889991	计息期	积　数	利率(月)	利息金额
户名	济泰股份有限公司	2017 年 11 月 24 日起 2017 年 12 月 23 日止	¥1 350 000	0.42%	¥5 670
金额(大写)人民币伍仟陆佰柒拾元整					
上列款项已从你单位往来户如数支付。 银行盖章		备注：			

中国农业银行股份有限公司 泰安泰山区支行 业务办讫章

此联由银行送单位作支款

(18)12 月 26 日,缴纳机动车保险费,资料见凭证 9-34 和凭证 9-35。

凭证 9-34

山东省地方税务局通用机打发票(泰安市)
发票联

发票代码:237091101166
发票号码:00374107
(第二联发票)

开票日期:2017 年 12 月 26 号　　行业分类:保险业

付款人:济泰股份有限公司
Payer.

承险险种:机动车保险电话销售专用产品
Coverage.

保险单号:PDAA1022370200T00769　　批单号:PDAA201137090200T00769
Policy No.　　End NO.

保险费金额(大写)人民币 叁仟捌佰肆拾元整　　(小写)3 840.00
Premium Amount(In Words):　　(In Figures)

代收车船税(小写) 0.00　　滞纳金(小写): 0.00
Vehiele £ Vmount(In words):　　Overdue fune (In Figures)

合计(大写)人民币叁仟捌佰肆拾元整　　(小写): 3 840.00
Consist (In Words):　　(In Figures)

附注: R21-PDAA201137090200T00769—济泰股份有限公司
Remarks

保险公司名称:　　复核:　　经手人:马爱华
Insurance Company　　Checked by　　Handler

保险公司签章:　　地址:　　电话:
Stamped by Insurance Company　　Add　　Tel

保险公司纳税人识别号:
Taxpayer Identification No:

(印章:全国统一发票监制章 山东省泰安市地方税务局;中国人民财产保险股份有限公司泰安市分公司 370902866439364 发票专用章;中国人民财产保险股份有限公司泰安市分公司 2017.12.26 转讫)

凭证 9-35

山东省地方税务局通用机打发票（泰安市）

发票联

发票代码:237091101166

发票号码:00374108

开票日期:2017 年 12 月 26 号　　行业分类:保险业　　（第二联发票）

付款人:济泰股份有限公司

Payer.

承险险种:机动车强制责任保险产品

Coverage.

保险单号:PDAA1022370200T00768　　批单号:PDAA201137090200T00768

Policy No.　　End NO.

保险费金额(大写)人民币　陆佰陆拾伍元整　　(小写)665. 00

Premium Amount(In Words):　　(In Figures)

代收车船税(小写)　420. 00　　滞纳金(小写):　0. 00

Vehiele　£ Vmount(ln words):　　(Overdue fune (In Figures)

合计(大写)人民币　壹仟零捌拾伍元整　　(小写):1085. 00

Consist (In Words):　　(In Figures)

附注:　R21-PDAA201137090200T00768—济泰股份有限公司

Remarks

保险公司名称:　　复核:　　经手人:马爱华

Insurance Company　　Checked by　　Handler

保险公司签章　　地址:　　电话:

Stamped by Insurance Company　　Add　　Tel

保险公司纳税人识别号:

Taxpayer Identification No:

（印章：全国统一发票监制章 山东省地方税务局监制；中国人民财产保险股份有限公司泰安市分公司 370902866439364 发票专用章；中国人民财产保险股份有限公司泰安市分公司 2017. 12. 26 转讫）

(19)12 月 26 日,收到济南鑫茂机械贸易公司代销清单,代销的 2 辆铲车已全部对外销售,并于当日开出增值税发票,款项未收。资料见凭证 9-36 和凭证 9-37。

凭证 9-36

济南鑫茂机械贸易公司代销清单

2017 年 12 月 26 日　　　　NO:20171010

委托企业:济泰股份有限公司

代销方式:手续费

序号	销售日期	商品名称	商品数量	商品单价	商品金额	手续费比例	手续费
1	17. 21. 18	铲车	1	300 000. 00	300 000. 00	5%	15 000. 00
2	17. 21. 23	铲车	1	300 000. 00	300 000. 00	5%	15 000. 00
合计							30 000. 00

凭证 9-37

山东省增值税专用发票

发票联

开票日期: 2017 年 12 月 26 日　　　　NO 00016345

购货单位	名　称:济南鑫茂机械贸易公司 纳税人登记号:350181611314296 地 址、电 话:济南市英雄山路 29 号 开户行及账号:工商济南市支行英雄山路分理处 26010221000321	密码区	(略)

商品或劳务名称	计量单位	数量	单价	金额 千	百	十	万	千	百	十	元	角	分	税率%	税额 千	百	十	万	千	百	十	元	角	分
铲车	辆	2	300 000			6	0	0	0	0	0	0	0	17			1	0	2	0	0	0	0	0
合　计					¥	6	0	0	0	0	0	0	0	17		¥	1	0	2	0	0	0	0	0
价税合计(大写)	柒拾万零贰仟元整																				¥702 000. 00			

销货单位	名　称:济泰股份有限公司 纳税人登记号:370900000000898 地址、电 话:泰安市青春创业园创业路 108 号 开户行及账号:中国农业银行泰山区支行955990077766688899901	备注	

开票人:李三　　收款人:海明　　复核:刘红　　销货单位(章)

第一联 记账联

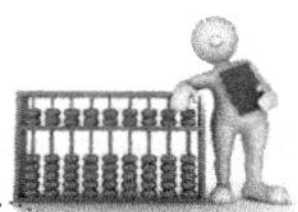

(20)12 月 31 日,将本月收入转入本年利润(填写凭证 9-38 并编制记账凭证)。

凭证 9-38

收入类科目的本月净发生额

2017 年 12 月 31 日

科 目 名 称	借 方	贷 方
合 计		

主管(盖章):王倩　　审核:刘红　　制单:刘莉

(21)12 月 31 日,将本月支出及费用转入本年利润(填写凭证 9-39 并编制记账凭证)。

凭证 9-39

费用类科目的本月净发生额

2017 年 12 月 31 日

科 目 名 称	借 方	贷 方
合 计		

主管(盖章):王倩　　审核:刘红　　制单:刘莉

(22)12 月 31 日,计算并结转所得税费用,该企业所得税税率为 25% 。

(23)12 月 31 日,按税后利润的 10% 提取盈余公积。

(24)12 月 31 日,结转本年利润和利润分配账户。

(25)12 月 31 日,填制 12 月份所得税纳税申报表,见凭证 9-40。

凭证 9-40

中华人民共和国
企业所得税月(季)度预缴纳税申报表(A 类)

税款所属期间：2017 年 12 月 1 日 至 2017 年 12 月 31 日

纳税人识别号 | 3 | 7 | 0 | 9 | 0 | 0 | 0 | 0 | 0 | 0 | 0 | 0 | 0 | 0 | 0 | 0 | 0 | 8 | 9 | 8 |

纳税人名称：济泰股份有限公司　　　　金额单位：　人民币元(列至角分)

行次	项　　目		本期金额	累计金额
1	**一、按照实际利润额预缴**			
2	营业收入			
3	营业成本			
4	利润总额			
5	加：特定业务计算的应纳税所得额			
6	减：不征税收入			
7	免税收入			
8	弥补以前年度亏损			
9	实际利润额(4 行+5 行-6 行-7 行-8 行)			
10	税率(25%)			
11	应纳所得税额			
12	减：减免所得税额			
13	减：实际已预缴所得税额		——	
14	减：特定业务预缴(征)所得税额			
15	应补(退)所得税额(11 行-12 行-13 行-14 行)		——	
16	减：以前年度多缴在本期抵缴所得税额			
17	本期实际应补(退)所得税额		——	
18	**二、按照上一纳税年度应纳税所得额平均额预缴**			
19	上一纳税年度应纳税所得额		——	
20	本月(季)应纳税所得额(19 行×1/4 或 1/12)			
21	税率(25%)			
22	本月(季)应纳所得税额(20 行×21 行)			
23	**三、按照税务机关确定的其他方法预缴**			
24	本月(季)确定预缴的所得税额			
25	**总分机构纳税人**			
26	总机构	总机构应分摊所得税额(15 行或 22 行或 24 行×总机构应分摊预缴比例)		
27		财政集中分配所得税额		
28		分支机构应分摊所得税额(15 行或 22 行或 24 行×分支机构应分摊比例)		
31	分支机构	分配比例		
32		分配所得税额		

续表

<table>
<tr><td>行次</td><td colspan="2">项　　目</td><td>本期金额</td><td>累计金额</td></tr>
<tr><td colspan="5">谨声明：此纳税申报表是根据《中华人民共和国企业所得税法》《中华人民共和国企业所得税法实施条例》和国家有关税收规定填报的，是真实的、可靠的、完整的。
法定代表人(签字)：　　　　年　月　日</td></tr>
<tr><td colspan="2">纳税人公章：
会计主管：
填表日期：　　　年　月　日</td><td>代理申报中介机构公章：
经办人：
经办人执业证件号码：
代理申报日期：　　　年　月　日</td><td colspan="2">主管税务机关受理专用章：
受理人：
受理日期：年　月　日</td></tr>
</table>

国家税务总局监制

实验设计

(1)实验类型：单项试验。

(2)实验时间：12 课时。

(3)实验用纸：收款凭证 10 张、付款凭证 20 张、转账凭证 20 张；总账 30 张，三栏式明细账 18 张，多栏式明细 5 张，数量金额式明细账 5 张，科目汇总表 1 张。

实验程序

(1)根据第八章的建账资料建账。

(2)根据第九章提供的各项交易或事项的原始凭证编制记账凭证。

(3)根据记账凭证登记有关明细账。

(4)月末编制科目汇总表，并登记总账。

第十章　报表编制项目实验

实验一　资产负债表编制实验

实验目的

通过实验，使学生掌握主要会计报表编制的原则、依据、要求与方法，包括资产负债表、利润表等主要报表。

实验资料

（1）济泰股份有限公司为增值税一般纳税人，适用增值税率 17%，适用所得税率为 25%。2017 年 1 月 1 日有关科目的余额见表 10-1 所示。

表 10-1　科目余额表

2017 年 1 月 1 日　　　　单位：元

科目名称	借方余额	科目名称	贷方余额
库存现金	3 100	短期借款	500 000
银行存款	1 908 000	应付票据	250 000
其他货币资金	168 000	应付账款	760 000
交易性金融资产	26 800	其他应付款	65 000
应收票据	80 000	应付职工薪酬	51 000
应收账款	400 000	应交税费	40 800
坏账准备	-8 000	应付利息	12 000
预付账款	65 000	长期借款	1 800 000
其他应收款	4 500	其中：一年内到期的非流动负债	850 000
材料采购	120 000	递延所得税负债	8 000
原材料	91 200	股本	4 000 000
周转材料	80 000	资本公积	433 300
库存商品	60 000	盈余公积	150 000
材料成本差异	3 500	利润分配（未分配利润）	90 000
存货跌价准备	- 6 500		
可供出售金融资产	80 000		
长期股权投资	220 000		
长期股权投资减值准备	- 4 500		
固定资产	3 099 000		
累计折旧	-600 000		
固定资产减值准备	-190 000		
在建工程	1 600 000		
无形资产	1 200 000		
累计摊销	-240 000		
合　　计	8 160 100	合　　计	8 160 100

(2)根据账户记录编制 2017 年 12 月 31 日的科目余额表,见表 10-2。

表 10-2 科目余额表

2017 年 12 月 31 日　　单位:元

科目名称	借方余额	科目名称	贷方余额
库存现金	3 100	短期借款	300 000
银行存款	1 468 067	应付票据	100 000
其他货币资金	22 000	应付账款	675 000
交易性金融资产	28 800	其他应付款	65 000
应收票据	0	应付职工薪酬	51 000
应收账款	503 000	应付股利	81 145
坏账准备	-10 060	应交税费	153 317
预付账款	0	应付利息	24 000
其他应收款	4 500	长期借款	1 620 500
材料采购	200 000	其中:一年内到期的非流动负债	400 000
原材料	31 800	递延所得税负债	20 400
周转材料	20 000	股本	4 000 000
库存商品	283 600	资本公积	440 800
材料成本差异	1 000	盈余公积	171 555
存货跌价准备	-17 690	利润分配(未分配利润)	131 000
可供出售金融资产	90 000		
长期股权投资	220 000		
长期股权投资减值准备	-4 500		
固定资产	3 610 100		
累计折旧	-235 000		
固定资产减值准备	-85 000		
工程物资	130 000		
在建工程	670 000		
无形资产	1 200 000		
累计摊销	-320 000		
开发支出	20 000		
合　计	7 833 717	合　计	7 833 717

(3)根据表 10-1 和 10-2 的资料编制资产负债表,见表 11-3。

表 11-3 资产负债表

会企 01 表

编制单位:泰山股份有限公司　　2011 年 12 月 31 日　　单位: 元

资　产	年初数	年末数	负债和所有者权益	年初数	年末数
流动资产:			流动负债:		
货币资金			短期借款		
交易性金融资产			交易性金融负债		
应收票据			应付票据		
应收账款			应付账款		
预付账款			预收账款		

续表

资　　产	年初数	年末数	负债和所有者权益	年初数	年末数
其他应收款			应付职工薪酬		
存货			应交税费		
流动资产合计			应付利息		
非流动资产：			应付股利		
可供出售的金融资产			其他应付款		
持有至到期投资			一年内到期的非流动负债		
长期应收款			流动负债合计		
长期股权投资			非流动负债：		
投资性房地产			长期借款		
固定资产			应付债券		
在建工程			长期应付款		
工程物资			专项应付款		
固定资产清理			预计负债		
无形资产			递延所得税负债		
开发支出			其他非流动负债		
商誉			非流动负债合计		
长期待摊费用			负债合计		
递延所得税资产			所有者权益：		
其他非流动资产			实收资本		
非流动资产合计			资本公积		
			减：库存股		
			盈余公积		
			未分配利润		
			所有者权益合计		
资产合计			负债及所有者权益合计		

实验设计

(1)实验类型：单项实验。

(2)实验时间：3 课时。

(3)实验用纸：资产负债表一份。

实验程序

(1)依据表 10-1、表 10-2 资料，分别进行年初数、年末算的试算平衡。

(2)试算平衡后，依据表 10-1 资料，填列表 10-3 资产负债表年初数栏。

(3)试算平衡后，依据表 10-2 资料，分析计算填列表 10-3 资产负债表年末数栏，完成资产负债表的编制。

实验二　利润表编制实验

实验目的

通过实验,使学生掌握利润表编制的原则,依据要求与方法。

实验资料

(1)2016 年度利润表,如表 10-4 所示。

表 10-4　利润表

会企 02 表

编制单位:济泰股份有限公司　　　　2016 年　　　　单位:元

项　目	本 年 数	上 年 数
一、营业收入	1 200 000	
减:营业成本	750 000	
税金及附加	18 000	
销售费用	25 000	
管理费用	191 000	
财务费用(收益以“-”号填列)	41 000	
资产减值损失	25 000	
加:公允价值变动净收益(损失以“-”号表示)	1 000	
投资收益(亏损以“-”号填列)	50 000	
二、营业利润(亏损以“-”号填列)	201 000	
加:营业外收入	30 000	
减:营业外支出	65 000	
三、利润总额(亏损总额以“-”号填列)	166 000	
减:所得税费用	48 000	
四、净利润(净亏损以“-”号填列)	118 000	
五、其他综合收益的税后净额		
六、综合收益总额		
七、每股收益:		
(一)基本每股收益		
(二)稀释每股收益		

(2)2017 年 12 月 31 日止有关损益科目发生额净额,如表 10-5 所示。

表 10-5　2017 年度损益科目发生额净额

单位:元

项　目	借方发生额贷方贷方发生额	
主营业务收入	1 500 000	

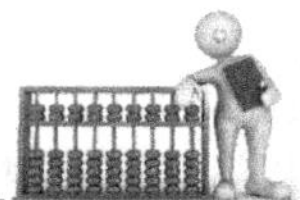

续表

单位:元

项　　目	借方发生额贷方贷方发生额	
投资收益	40 000	
公允价值变动净收益	2 000	
营业外收入		
主营业务成本	900 000	
税金及附加	21 250	
销售费用	28 000	
管理费用	224 700	
财务费用	56 500	
资产减值损失	38 250	
营业外支出	70 000	
所得税费用	59 600	

(3)根据表 10-4、10-5 的资料编制 2017 年度利润表,见表 10-6。

表 10-6　利润表

会企 02 表

编制单位:济泰股份有限公司　　　　2017 年度　　　　单位:　元

项　　目	本年数	上年数
一、营业收入		
减:营业成本		
税金及附加		
销售费用		
管理费用		
财务费用(收益以"-"号填列)		
资产减值损失		
加:公允价值变动净收益(损失以"-"号表示)		
投资收益(亏损以"-"号填列)		
二、营业利润(亏损以"-"号填列)		
加:营业外收入		
减:营业外支出		
三、利润总额(亏损总额以"-"号填列)		
减:所得税费用		
四、净利润(净亏损以"-"号填列)		
五、其他综合收益的税后净额		
六、综合收益总额		
七、每股收益:		
(一)基本每股收益		
(二)稀释每股收益		

实验设计

(1)实验类型:单项试验。

(2)实验时间:1 课时。

(3)实验用纸:利润表一份。

实验程序

(1)依据表 10-4 利润表的本年数填列表 10-6 利润表的上年数栏。

(2)根据表 10-5 的资料,计算填列表 10-6 利润表的本年数栏,完成利润表的编制。

第十一章 ERP 收入、费用、利润、报表拓展实验

实验准备

(1)仿真企业为济泰股份有限公司,公司概况见第一章实验平台设计,基本会计制度和会计政策见上篇第一章、下篇第八章实验平台设计以及第九章、第十章和第十一章相关资料。

(2)拓展实验系统可以根据学校的具体情况选择相应的 ERP 管理软件,本实验使用用友 ERP-U8.61 操作系统。

(3)在企业应用平台进行系统管理和基础设置,以便进行后面的实验。

① 启动系统管理。具体操作:启用“用友 ERP-U8”,单击“系统服务”选项卡,选择“系统管理”选项,执行“系统”命令,单击“注册”,打开“登录”界面。以系统管理员身份进入系统管理。

② 建立单位账套。建立账套信息、单位信息、核算类型、数据精度、系统启用时间等。

③ 增加操作员并进行财务分工。输入实验中的相关人员基本信息并对其进行权限设置,包括口令和角色。比如,会计主管王倩的口令设置为“1”,角色为“账套主管”。此处的设置只是为了方便实验,企业的实际操作人员可能会更多,分工可能会更加复杂细致。

④ 输入基础信息即设置基础档案:

- 相关信息包括部门信息(编码、名称、属性等)。
- 人员类别(企业管理人员、车间管理人员、生产人员等)。
- 人员档案(编号、姓名、性别、部门、分类名称、是否操作员、操作员编码等)。
- 客户分类(批发、零售、代销等)。
- 客户档案(编号、名称、分类、地区、税号、银行账号、地址、邮编、折扣率、分管部门、分管业务员等)。
- 供应商分类(原料供应商、成品供应商等)。
- 供应商档案(编号、名称、分类、地区、税号、银行账号、地址、邮编、分管部门、分管业务员等)。
- 地区分类(东北地区、华北地区、华东地区、西北地区等)。

⑤ 备份账套数据。

⑥ 修改账套数据。

实验目的

通过本章的实验,将收入、费用、利润、报表和纳税申报、税款缴纳的传统手工核算与电算化核算联系起来,系统练习收入、费用、利润、报表、纳税申报、税款缴纳等相关系统的初始化,日常业务处理和期末业务处理及报表形成的操作方法。

实验资料

参照本篇第九、十、十一章各实验的具体资料。

实验程序

一、总账管理

参照上篇第三章“实验程序”中的“总账管理”相关内容。

二、销售管理系统和 UFO 报表管理系统

对本篇第九章～十一章涉及的管理系统进行相关操作，包括系统的初始化，日常业务处理和期末业务处理。本实验选择了具有代表性的销售管理、UFO 报表管理系统。

1. 销售管理

销售管理系统是供应链管理系统的一个子系统，主要功能和操作如下：

(1)登录系统。以销售主管(仓库主管、存货核算员)的身份对销售业务进行操作，具体资料见下篇第八章试验平台设计的相关建账资料和第九章相关资料。基本流程如下：

- 进入销售管理系统，对该笔销售业务进行处理。
- 进入库存管理系统，对该笔销售业务生成的出库单进行审核。
- 进入存货管理系统，对该笔销售业务生成的出库单记账，并生成凭证。
- 进入应收款管理系统，对该笔销售业务生成的发票制单，对有结算要求的业务结算，并生成凭证。

(2)初始设置。设置业务选项、基础档案目录、销售期初数据。

(3)普通销售业务的处理。

- 业务类型说明：普通销售业务模式，一般过程为：销售报价——销售订货——销售发货——销售开票——销售出库——出库成本确认——应收账款确认及收款处理。
- 业务处理流程：先发货后开票业务模式、开票直接发货业务模式。

(4)特殊销售业务的处理。

- 商业折扣的处理。
- 委托代销业务。
- 分期收款销售业务。
- 零售业务。
- 销货退回业务。
- 现收业务等。

(5)综合查询：

- 单据查询：可以通过“销售订单列表”“发货单列表”“发票列表”“销售调拨单列表”查询销售订单、发货单、发票、销售调拨单等。
- 账簿查询。

(6)月末处理。月末结账是将当月的单据数据封存，结账后不允许再对该会计期间的销售单据进行增加、修改和删除等处理。另外，销售管理系统与其他系统相互之间也有联系，比

如采购管理系统、应收款管理系统、存货核算系统和库存管理系统等,在操作时应注意相互之间的联系。

2. UFO 报表管理

UFO 报表管理系统是报表事务处理的工具,主要从其他系统中提取编制报表所需的数据。总账管理系统、薪资管理系统、固定资产管理系统、应收应付款管理系统、存货管理系统和销售管理系统等子系统均可向报表子系统传输数据,以生成企业所需的各种报表。主要功能和操作如下:

(1)登录系统。以账套主管"王倩"的身份启用固定资产管理系统,并且进行相关操作,具体资料见下篇第八章试验平台设计的相关建账资料和第十一章相关资料。具体操作:登录"企业应用平台",选择"业务"选项卡,单击"财务会计",选择"UFO 报表"选项。

(2)自定义报表。

- 报表定义(报表格式定义、报表公式定义)。
- 报表数据处理(打开报表、增加表页、输入关键字值、生成报表、报表舍位操作)。
- 表页管理(表页排序、表页查询、表页透视)。
- 报表输出(屏幕输出、打印输出)。
- 图表功能(直方图、圆饼图、折线图、面积图)。

(3)利用报表模板生成报表。

- 调用资产负债表模板生成资产负债表(调用资产负债表模板、调整报表模板、生成资产负债表数据)。
- 调用利润表模板生成报表(调用利润表模板、调整报表模板、生成利润表数据)。
- 调用现金流量表模板生成报表(调用现金流量表模板、调整报表模板、生成现金流量表主表数据)。

参 考 文 献

[1]企业会计准则编审委员会.企业会计准则案例讲解[M].上海:立信会计出版社,2014.

[2]张璐莹.一般纳税人会计真账实操全图解[M].北京:中国铁道出版社,2017.

[3]刘敏坤,郑怀颖.企业会计综合实验教程[M].大连:东北财经大学出版社,2017.

[4]范继云.会计真账实操全流程演练[M].北京:中国铁道出版社,2017.

[5]李占国.基础会计学综合模拟实验[M].大连:东北财经大学出版社,2016.

[6]财政与税收编写组.会计主管业务操作与技巧[M].北京:清华大学出版社,2017.

[7]邓启稳.会计学综合模拟实验[M].大连:东北财经大学出版社,2016.

[8]陈淑贤,王蕾,章毓育等.会计综合模拟实训教程[M].北京:清华大学出版社,2017.

[9]刘明传.企业会计模拟实验教程[M].北京:中国传媒大学出版社,2012.